城市图书馆研究

第一卷第一辑

主管单位　杭州市文化广电新闻出版局

主办单位　杭州市图书馆　杭州市图书馆协会

主　编　褚树青

副主编　李超平　粟　慧

执行主编　张广钦

编辑部　屠淑敏　吴宇琳　马瑧加

编辑委员会

主任委员　周和平

副主任委员　陈建一　何　平　吴慰慈

委员（按姓氏笔画排序）

于良芝　王世伟　李国新　刘洪辉　朱　强　吴建中

邱冠华　吴　晞　陈传夫　张　勇　范并思　柯　平

郭向东　徐　洁　倪晓建　程焕文

图书在版编目（CIP）数据

城市图书馆研究. 第一卷第一辑／褚树青主编. —北京：国家图书馆出版社，2012.6
ISBN 978 - 7 - 5013 - 4728 - 5

Ⅰ.①城…　Ⅱ.①褚…　Ⅲ.①市级图书馆—研究　Ⅳ.①G258.22

中国版本图书馆 CIP 数据核字（2012）第 022525 号

责任编辑：金丽萍

书名	城市图书馆研究. 第一卷第一辑
著者	褚树青　主编

出版	国家图书馆出版社（原北京图书馆出版社）
	（100034 北京市西城区文津街 7 号）
发行	010 - 66139745　66151313　66175620　66126153
	66174391（传真）　　　66126156（门市部）
E - mail	btsfxb@ nlc. gov. cn（邮购）
Website	www. nlcpress. com→投稿中心
经销	新华书店
印刷	北京科信印刷有限公司

开本	710×980（毫米）　1/16
印张	11
字数	180 千字
版次	2012 年 6 月第 1 版　2012 年 6 月第 1 次印刷

书号	ISBN 978 - 7 - 5013 - 4728 - 5
定价	54.00 元

发刊词

城市公共图书馆是什么？

它是一种文化现象？是一种社会的制度安排？是人类记忆的一种装置？是城市居民的精神粮仓？是城市盛衰的晴雨表？是城市经济发展水平的象征？……

城市公共图书馆不是什么？

它不是一个文化中心？不是一个休闲中心？不是一个信息中心？不是一个知识中心？不是一个学习空间？不是一个表演空间？不是一个体验空间？不是一个社会教育空间？……

有一位学人说过："不研究城市公共图书馆，就不会有真正的图书馆学。"于是乎，有了是刊之创立。

目 录

城市图书馆研究　2012 年第一卷第一辑　　　*Journal of Metropolitan Library*　Vol.1　No.1　2012

Contents

图书馆学情报学研究新进展

吴慰慈

Research Progress on Library and Information Science

Wu Weici

摘要：本文论述了在技术、经济、社会环境的迅速变迁的情境下，图书情报研究工作在实践基础、与现代信息技术结合、研究范畴、研究视角、研究方法、研究的思维方式等 6 个方面的创新和发展。

关键词：图书馆学，情报学，研究进展，发展趋向

Abstract：Along with the rapid changing of the technology, economy and social environment, this paper discusses library and information research on changes in the six aspects of practical basis, combined with modern information technology, research areas, research perspectives, research methods and thinking ways.

Keywords：library science, information science, status advanced, expand trend

图书馆学情报学的创新与发展植根于图书情报工作的实践。当前，技术、经济、社会环境的迅速变迁决定了图书情报工作实践的深刻变化，也带来了图书馆学情报学的创新与发展。

1　图书馆学情报学面向更广阔的图书情报工作实践

首先，随着现代信息技术与图书馆学情报学理论的日益密切结合，网络知识产业如网络出版物、搜索引擎、ICP、各种专业数据库、咨询网站的大量出现，实际上扩大了图书馆学情报学研究的实践基础。其次，在网络环境中，图书馆转型和图书馆员角色转换也扩展了图书馆学情报学的实践基础；图书情报专业人员要充当信息导航员、信息咨询专家的角色，亟须图书馆学情报学新成果的指导。第三，知识管理概念引入到图书馆学情报学体系中来，为图书情报人员提供了新的发展空间，这也扩大了图书馆学情报学研究的实践基础。

吴慰慈，北京大学信息管理系，资深教授，博士生导师。

图书馆学情报学研究新进展

2　图书馆学情报学与现代信息技术日益紧密结合

图书馆学情报学的创新与发展,历来受信息技术的影响。现代信息技术是电子计算机技术、通信技术等多种技术的综合。计算机技术大大提高了人类生产、加工、存储和检索信息的能力,通信技术延展了人类获取和传递信息的途径。现代信息技术对图书情报工作的主要意义在于:信息的记录方式不再是模拟式和线性的,而是数字化的、非线性的。数字信息媒体具有可随机存取检索、可交互式组织再现和可快速远程传递等优势。与传统信息技术相比,这种区别是本质的,不仅改变了信息载体的表现形式和信息的组织方式,决定了图书情报机构所能采取的信息工作方法,武装了广大图书情报工作者,同时在很大程度上活跃了社会情报信息交流,增强了广大用户的信息需求。可以说,在新技术革命中,图书情报工作的各项基本组成要素无不深深地烙上了现代信息技术的印记。反映到学科发展上,就表现为图书馆学情报学与现代信息技术日益紧密的结合。

在网络知识空间里,技术(IT)和内容(Content)逐步走向融合。事实上,在迅速发展的因特网内容提供商(ICP)领域,许多技术专家是从计算机、网络等现代信息技术的知识背景出发,寻求对因特网知识空间的信息、知识进行组织、控制和提供检索,只有少数人具有图书情报专业知识。反过来,现在图书情报界越来越多的一部分注意力放在对网络知识空间的信息组织控制和提供利用的研究。这两者是分别从现代信息技术和从图书情报两个方向追求着同一个目标。

随着网络的迅猛发展,图书情报工作出现了一种泛化现象:一方面,许多以前不属于图书情报领域的机构逐步涉足网络知识的组织、控制,也就是技术(IT)向内容(Content)的发展;另一方面,图书情报工作日益结合网络的发展,充分利用新技术提供的各种新的可能性,构建业务工作的各种新的境界,也就是内容(Content)向技术(IT)的延伸。图书情报的泛化现象说明:技术(IT)和内容(Content)正在走向融合,现代信息技术和图书情报理论、方法是共生共荣的,图书情报研究与现代信息技术的日益密切结合是一个发展趋势。

3　图书馆学情报学的研究范畴处于不断更新和拓展之中

20世纪40年代以前,图书馆学情报学研究适应纸质载体文献和机器印刷技术的环境特征,处于相对稳定的发展状态中。主要研究领域包括:分类、编目、文献采访、保存与保护、书目资源管理等。

20 世纪 40 年代至 50 年代,虽然计算机已经问世,但还没有给图书情报工作带来重大影响。这个阶段,图书馆学情报学研究的主要注意力转移到了文献工作,重视对文献组织和检索的研究。

60 年代至 70 年代,计算机在信息组织、检索方面的优势日益显现。随着 MARC 格式和集中编目网络的出现,共享编目成为可能,传统的分类编目工作的地位开始下降,对图书情报机构管理问题的研究渐渐增加,引文分析、书目计量的地位也日渐上升,联机检索和联机信息系统是图书馆学情报学研究中的一个新课题。

80 年代,计算机开始大量在图书情报工作中应用,研究重心转移到图书情报自动化集成系统、文献信息管理系统以及联机数据库检索系统的开发、应用等方面,情报检索语言成为一个新的学科生长点。80 年代后期,对信息服务的研究逐渐深化。

90 年代,随着信息基础设施建设速度的加快,信息化和网络化的浪潮波及社会各个角落。图书馆界、情报界日渐重视网络环境下图书情报新的发展机制问题,研究热点从电子图书馆、虚拟图书馆开始,最终集中到对数字图书馆的研究。如何有效实现多媒体信息的数字化、信息的网上传递、网上信息交互式非线性共享存取,成为研究的焦点。

21 世纪前十年,图书馆学情报学研究集中于数字图书馆开发与利用、图书馆联盟、网络化图书馆、馆藏发展政策、数字资源与纸本资源协调发展、新技术在图书馆应用、与数字资源相关的知识产权问题研究等方面。

以上简要勾勒了近半个世纪以来图书馆学情报学研究的发展轨迹,这可以说明图书馆学情报学的研究范畴一直处于不断更新和拓展之中,而且这个过程远没有结束。

4　图书馆学情报学呈现出多元研究视角

多元研究视角包括:①用户视角。将图书情报工作视为一种用户服务系统,重视研究信息用户的不同需求、用户行为、信息市场、信息服务等问题。②知识视角。认为网络的实质是知识空间,图书情报机构在知识空间中充当中介角色,重视研究知识组织、知识控制、知识发掘、知识增值等问题。③技术视角。重视图书情报工作中的技术要素,关注文献建构、元数据、信息传输、搜索引擎,检索语言等技术问题。④事业视角。重视发挥图书情报事业的整体优势,强调业务协作协调和资源共建共享。关注网络化中的机制选择、政策保障、权益分配、知识产权保护等问题。⑤管理视角。认为图书情报工作的核心是知识管理,知识管理是组织机构管理的重要组成部分,并将知识管理引入到图书馆学情报学研究中来。为提高图书情报机构的效益,图书情报专业人员提出了一系列管理概念,如岗位分类、业务外包(Outsourcing)、机构重组、委托管理(Contracting out)、战略经营管理(Marketing)、全面质量管理(TQM)等。当前,图书情报机构改革的方向主要是:坚持公益性;改革经费投入方向和投入方式,将办馆效益和投入强度挂钩;改革用人制度和分配制度,健全内部激励机制。

5　图书馆学情报学研究方法的变化

文献研究表明,20 世纪 60 年代以来,图书馆学情报学研究方法主要采用:①思辨方法;②调查方法;③历史综述法;④系统设计方法;⑤文献研究方法;⑥个案或行为研究方法;⑦讨论方法等。

信息技术的应用促进了图书馆学情报学方法论的变化。例如,信息系统的开发必然大量地运用系统分析、设计及实验方法;对用户需求的研究涉及行为分析、心理分析,越来越多地用到文献调查、用户信息调查、统计分析等方法。此外,图书情报专业交流的渠道也发生了变化,研究人员日益重视电子邮件、电子讨论组、电子期刊和丰富的 WWW 信息。

6　调整图书馆学情报学研究的思维方式

提倡科学的思维方式,是当前我国图书馆学情报学研究的重要任务。当代科学是一个门类繁多、层次分明、结构复杂的知识系统。这个系统,不仅包括自然科学、技术科学和社会科学,而且也包括在这三大领域之间由于门类交叉、学科交叉、知识交叉、方法交叉所产生的各种各样的交叉科学、边缘科学和综合性科学。但任何科学知识,都有自己发育的过程,都有自己的演化历史。科学知识演化的 4 个阶段是:准科学—前科学—常规科学—后科学。前科学(pre-science)的重要特征就是诸学蜂起,百家争鸣。因为"前科学"多数属于表象理论,它是研究者从各个不同侧面观察和研究事物表现效应的结果,因而对同一社会现象有着多种不同的认识和看法。例如,图书馆学研究对象的不同表述,图书馆学结构的不同划分方法,图书馆学研究现状的不同评价,过量移植相关学科的理论与方法等,都与图书馆学仍处于前科学阶段紧密相关。前科学阶段的批评或反驳对方的批评,无论多么激烈,谁也难以取代谁。前科学阶段,科学存在的形式乃是"多重态"的科学,不可能形成排斥异己的所谓"科学共同体"。这是大科学观认识某一学科的思维方式,这种思维方式,是以解放思想超越自身有限经验为前提,以人类社会图书情报活动的全部历史和实践为对象的开放型思维,这一开放型思维是开展图书馆学情报学研究的思想基础。

　　借杭州图书馆创办的《城市图书馆研究》面世的机会,我陈述了对图书馆学情报学研究的六点看法,不知是否妥当。我的本意是做引玉之砖,引发更多的人思考此问题,共同促进图书馆学情报学研究的繁荣昌盛。

参考文献

1　陈光祚.现代信息技术与图书情报学科群的发展[J].图书情报工作,1996(3)

2　顾敏,彭斐章,吴慰慈.98 全国图书情报学研究生学术研讨会特稿[J].图书情报工作,1998(9)

3　吴慰慈.图书馆学理论与方法[M].北京:北京图书馆出版社,2004

4　赵红州.大科学观[M].北京:人民出版社,1988

5　J. D. 贝尔纳.科学的社会功能[M].北京:商务印书馆,1982

6　A. N. 米哈伊洛夫.科学交流与情报学[M].北京:科技文献出版社,1983

7　赵红州.科学能力学引论[M].北京:科学出版社,1984

城市图书馆研究　2012 年第一卷第一辑　　Journal of Metropolitan Library　Vol.1 No.1　2012

中国公共图书馆中的"大馆"与"小馆"

王世伟

Analysis on the Large - scale Libraries and Small - scale Libraries among the Public Libraries in China

Wang Shiwei

摘要：提出中国公共图书馆大馆和小馆的命题，提出了划分大馆小馆的 6 个标准，分析了大馆和小馆之间的辩证关系，并阐述了大馆和小馆的未来发展。

关键词：公共图书馆，图书馆规模，图书馆管理，图书馆事业

Abstract：This paper proposes the topic of large-scale libraries and small-scale libraries among the public libraries in China.It elaborates on the six criteria to distinguish from the two different types of public library and their interdependence relationship. It also analyzes the development of the two kinds of the libraries in the future.

Keyword：public library, library scale, library management,library undertaking

中国公共图书馆按行政层级区划，一般区分为国家图书馆（兼具公共图书馆功能）、省级图书馆、副省级城市图书馆、地市级图书馆（直辖市中的区县图书馆）、县级图书馆、街道乡镇图书馆等。于是在管理与服务以及业务交往中，往往有"大馆"和"小馆"的称谓。如中国国家图书馆、上海图书馆、首都图书馆等在业界经常被称为"大馆"，而一些区县图书馆，如江苏常熟市图书馆、海南省三亚市图书馆、陕西省延安市图书馆等则被称为"小馆"。人们会问，这种"大馆"和"小馆"之分，是依据什么标准来区分的？"大馆"和"小馆"之间应建立怎样的关系？这种划分未来会有什么样的变化？以上这些问题，是公共图书馆业界心中有而口中无或笔中无的内容，笔者试图作一些初步的分析。

1　关于"大馆"与"小馆"划分的维度

中国公共图书馆类型的划分，一般不按大小馆来进行区分，虽然人们口中有这样的说法，但以往也没有明确的标准。尽管如此，在图书馆业界人们心中存在有共同的指标。区分"大馆"和"小馆"的标杆大致可以分为以下 6 个维度。

王世伟，上海社会科学院信息研究所，所长，研究员。Email：swwang@ sass. org. cn

1.1　行政层级

在所有的公共图书馆中,要进入大馆的行列,一般是国家图书馆、省市(直辖市)级图书馆,个别副省级城市图书馆或极个别的地市级图书馆(直辖市中的区)等。由于公共图书馆是由各级政府投资兴办,或由社会力量捐资兴办的向社会公众开放的公共空间,体现出公益性的属性,故图书馆的财政拨款、人员编制、建筑面积以及由此带来的馆藏数量和新增藏量等,在相当程度上是由这一图书馆的行政层级决定的。文化部从1994年至今为止制定的四次公共图书馆评估定级标准和新近制定颁布的《公共图书馆服务规范》,都是从行政层级分别制定相应的标准并给出不同的规范要求的。这些客观条件为大馆小馆的划分提供了基础和前提。

1.2　馆藏数量

馆藏数量是大馆小馆划分的重要维度。中国图书馆业界曾进行过全球十大图书馆的排名,其主要依据就是馆藏文献量和建筑面积的指标。2010年1月,文化部曾就参加全国第四次评估定级的省级图书馆进行了馆藏量的统计(下文所引数据出处同),位居前三名的分别是:上海图书馆(5180万册件)、南京图书馆(867万册件)、山东图书馆(612万册件)。这些馆无疑属于人们心目中的大馆。

1.3　建筑面积

图书馆建筑面积与馆藏数量一样,也是大馆小馆划分的重要维度。在参加第四次评估定级的省级图书馆中,建筑面积位于前三名的分别是:上海图书馆(11.91万平方米)、南京图书馆(7.88万平方米)、山东图书馆(6.48万平方米)。在参加评估的副省级城市图书馆中建筑面积超过四万平方米的有两家,分别是深圳图书馆(4.96万平方米)、杭州图书馆(4.91万平方米)。还有2010年10月新近落成的上海浦东新区图书馆,令人称奇地达到了6万多平方米,这些副省级图书馆和直辖市中的区图书馆建筑面积数据都超过了当时多数省级图书馆的建筑面积,故一般也被人们看做是大馆。

1.4　投入经费

经费是一个图书馆服务、管理与发展的基本条件,经费的保障、持续的投入、增加的投入,反映了政府对这一图书馆的重视和认可程度,也反映了社会和公众对其认可的程度。作为全额拨款的公益性事业单位,经费的多少也决定了这一图书馆能办多少事。所以,经费多,可以使行政层次高的、馆藏量大、建设面积多的大馆保持大馆的地位影响和功能作用;经费少,则可能造成原本在大馆行列的馆在许多方面短人一截,或形成巧妇难为无米之炊的局面,在大馆行列中处于被边缘化的境地。以2009年第四次评估定级为例,参加省级图书馆评估的国家财政拨款数额前3名为:上海图书馆(2.4059亿元)、云南省图书馆(7407万元)、南京图书馆(7160万元);其中2008年新增藏量购置费的前3名为:上海图书馆(1.716亿元)、南京图书馆(3000万元)、天津图书馆(1978万元)。参加副省级城市图书馆评估的国家财政拨款前4名为:深圳图书馆(7535万元)、杭州图书馆(5251万元)、广州图书馆(3371万元)、大连图书馆(3247万元);其中2008年新增藏量前4名也是以上四馆,分别为:深圳图书馆(1600万元)、杭州图书馆(1395万元)、广州图书馆(1110万元)、大连图书馆(1030万元),都达到了千万元以上。

1.5　人力资源

人力资源是图书馆服务与管理的第一资源。人力资源的数量和质量决定了这一图书馆的服务能力、管理水平、学术研究地位和国际交流力度。作为大馆,需要有业界有影响的学术领军人物,没有学术地位,在一定程度上也就失去了大馆之实,而仅能徒有大馆之名。一些公共图书馆的大馆,正是靠着一位或几位国内外有学术影响的带头人而名播海内外;而一个大馆一旦失去了学科带头人,这个馆的地位也将随之下降,就会相应地失去业界的话语权,也就相应失去许多发展的机遇。除了学术领军人物之外,还需要有管理能手、学科馆员、各门类的业务骨干、技术新人、后勤专家、服务明星、公关先生(女士)等,以形成一个多来源、多学科、阶梯状、交叉型的人才团队,发挥大馆应有的功能和作用。

1.6　影响地位

区分大馆和小馆,有硬实力,也有软实力。硬实力包括行政层次、馆藏数量、建筑面积、投入经费等;软实力包括以上述及的人力资源以及现在讨论的影响地位。一个大馆,其影响地位应该体现在学术引领、理念创新、职业伦理、标准制定、整合集群、各方协调、搭建平台、教育培训、对外交流等诸多方面,而所有这些方面,都受到机构文化的制约,因此,一个馆能否进入大馆的行列,除硬条件外,机构的精神文化、制度文化、行为文化、特质文化、形象文化的建设与创新将起着决定性的作用。

2　关于"大馆"与"小馆"之间的关系

讨论大馆和小馆的关系，可以从不同的角度来认识。

2.1　大馆和小馆是辨证统一体的关系

大馆的地位和作用，在许多方面需要通过小馆来体现。中国国家图书馆牵头的中华再造善本工程，不仅需要中国国家图书馆的龙头老大，也需要各省市图书馆的地区老大进行配合，还需要一些被认为是小馆的地市和区县图书馆进行协同。同样，上海图书馆领衔倡导的中心图书馆同城一卡通服务，不仅需要上海图书馆在市级层面的顶层策划和推动，同样需要236个区县和街镇图书馆进行共同建设、共同推进。小馆更贴近实际和读者，更能够发挥公益性、基本性、均等性、便利性的公共文化服务体系的功能。正是数以百计或数以十计的小馆的基础作用，支撑起了地区大馆的地位和内涵，形成了整合集群的效能和效益；正是数以千计的地区大馆和小馆的共建和协同，才助推了中国公共图书馆事业的繁荣和发展，才彰显出中国国家图书馆的领军地位和龙头作用。从公共图书馆的服务多样性而言，大馆可以有大馆的作为，小馆也可以有小馆的作为。大馆可以建馆中馆和馆外馆，突出主题典藏和主题服务的特色，小馆也可以结合历史发展、区域文化和用户需求，进行灵活丰富的特色主题服务的策划和创新。从图书馆泛在服务而言，大馆的服务需要在空间上由各个小馆落地，大馆的资源优势可以在各个小馆中得到体现和共享，小馆也可以借大馆之势提升小馆的服务品质。可见，大馆和小馆是互相联系、互为因果、互作补充的。

2.2　大馆和小馆是可以互相转化的

大馆和小馆并不是固定不变的，在大馆的行列中，一些昨天的大馆并不一定就能成为今天的大馆，更不能保证其明天大馆的地位；昨天的小馆可以跻身为今天的大馆，昨天的大馆也可能弱化为今天或明天的小馆。以深圳图书馆为例，深圳市这一中国改革开放后形成的特区城市，在数十年间已成为一个超巨型的城市；而其中的深圳图书馆，一个在人们眼中原本是中型的图书馆，通过数代人的持续创新，在图书馆之城的理念创新、在信息技术引擎推进的技术创新、在公共图书馆研究院和《公共图书馆》杂志创办的学术创新等方面，足以使其跻身中国公共图书馆的大馆行列，而深圳图书馆新馆建设和财政的大力支持和事业机制的理顺更确立了其大馆的地位。无独有偶,数年前的杭州图书馆还是一个馆舍破旧不堪、服务和管理并不显眼的中型馆,历经几年的艰苦创业,已足以令国内外图书馆同行刮目相看。杭州图书馆新馆的地理位置并不占多少优势,但其内部建筑的精心设计,软件的创新布局,尤其是其"免费服务"、"市民大书房"等服务理念的全新亮相,给中国图书馆界吹来了一股春风,成为中国公共图书馆的新近发展的典范。杭州图书馆的一系列创新举措和硬件的更新加强,使业界毫不怀疑其已具备大馆的地位。但反观一些省级图书馆,虽然按照传统的标杆,应归入大馆的行列,但除了行政层级的硬性优势外,无论是馆藏建设还是财政投入,无论是管理创新和服务提升,无论是地区协调与技术更新,都很难与大馆的地位和作用相匹配,实际上已多少失去了大馆应有的地位和作用,地区大馆的名称仅徒具虚名而已。

2.3　大馆和小馆的文化关系

从文化的维度来分析,大馆与小馆的关系可以借助外交关系中大国与小国的关系原则。联合国宪章中规定,国家无论大小一律平等。大馆与小馆之间的交往,也应当遵循这样的原则。但是大馆和小馆毕竟体量、能力不同,在处理相互的关系时,可以借用古人所言:大国以仁,能以大事小;小国以智,能以小事大。大馆虽体量大,资源多,地位高,但不能居高临下,以势压人,以命令的方式推广各项业务,只注重地位和权利而忽视义务和服务的担当,而要平等相待,诚信有礼,以协商尊重的态度对待小馆,以宽广包容的胸怀保障小馆的利益诉求,在服务中统筹协调,在统筹协调中更好地服务。反之,小馆也要尊重大馆,支持大馆,不能错待善意,自不量力,躁动妄为,各自为政,从而形成损人不利己的结果,影响地区乃至全国公共图书馆事业的发展。

3　关于"大馆"与"小馆"未来的发展

未来公共图书馆的发展,将构建更趋成熟的图书馆公共文化服务体系,正在走向智慧型、多样型、国际型的公共图书馆。在大馆与小馆的未来发展中,有不变与变之分。

3.1　大馆与小馆未来发展的不变要素

从大馆而言,在未来的发展中,其三大要素不会改变。一是行政层级。

行政层级是全球公共图书馆的共同规律,从国家到省市,从地市到区县再到街道乡镇,这一行政区划的架构不会在若干年内有根本的改变。二是文化记忆。公共图书馆的大馆在文化记忆,特别是国家和地方历史记忆中的作用无可替代也不容弱化。三是地理位置。大馆一般都位于首都和省会,这一空间定位不会改变,除了个别原本的小馆跻身于大馆,会出现少量位于首都和省会城市之外的新的大馆。

3.2　大馆与小馆未来发展的变化要素

从大馆和小馆而言,在未来的发展中,其三大要素将发生变化。一是馆藏数量。由于信息技术的发展和未来智慧型图书馆的形成,将出现书书相连、书人相连、人人相连、馆馆相连、任何时间可用的图书馆、任何地点可用的图书馆、任何方式可用的图书馆等为核心要素的图书馆管理与服务新形态,将出现以数字化、网络化、集群化、智能化为主要特征的智慧型图书馆。因此,馆藏数量将发生变化,全球任何地点的馆藏在书书相连、馆馆相连的技术引擎下,都将成为共享的资源,原本大馆的实体馆藏优势将失去,小馆的虚拟馆藏将增加。二是服务能级。在书人相连和人人相连的服务环境中,一个小馆可以做出大服务,网络的无边界性和跨越时空的特点,使原本的小馆的服务有了无限发展的可能。原本大馆的服务优势也将受到挑战。原本是小馆行列的上海浦东新区图书馆,2010 年 10 月 18 日开馆以来,日均接待读者量达到近 8000 人,位居全国公共图书馆接待读者量的先进行列,一跃而成为大馆行列中的新兴力量。三是人力资源。未来图书馆的服务与管理,在人力资源中将不是以数量取胜,而是以质量取胜。网络空间给图书馆服务带来了跨时空自动、多空间跳跃、多数据互联、以个体对阵泛在群体、一线服务与二线保障跨馆互相交叉等大馆和小馆不对称的局面。四是影响地位。前面讨论的未来三大不变要素会给大馆和小馆的影响地位带来影响,但影响地位更多的考虑因素是在这三大不变要素之外,如职业伦理的引领、服务品质的影响、学术创新的地位、信息技术的引擎、全球业界的评价,如此等等。如果说,以往大馆和小馆的主要矛盾是馆藏数量和建筑面积,那么,未来大馆和小馆的竞争与合作的主要矛盾,将集中体现在服务品质、管理创新、人才优势、技术水平等。在未来的公共图书馆发展中,大馆和小馆在许多方面是站在同一起跑线上,这是世界多极化、经济全球化、社会信息化、文化多样化、城市智慧化带给公共图书馆的大馆和

011

小馆的共同的发展新机遇。

公共图书馆大发展大繁荣已经取得了令人称奇的进步和成就,而未来的愿景更加让人心向往之。无论是大馆和小馆,都当以不息为体,以日新为要,为公共图书馆的大发展和大繁荣添砖加瓦。

参考文献

1　文化部社会文化司.全国省级图书馆评估业务数据统计表[M].北京:文化部社会文化司.2010

2　王世伟.关于《公共图书馆服务规范》编制的若干问题.[J].中国图书馆学报,2011(3)

数字阅读·纸本阅读·图书馆阅读

——在"中外新阅读论坛"上的演讲

吴　晞

Digital Reading · Printed Book Reading · Library Reading

——The Speech at the "International Reading Forum"

Wu Xi

摘要：本文探讨了数字阅读和纸本阅读的关系以及数字阅读的兴起对图书馆工作的影响，认为图书馆数字化的发展方向是明确的，但目前纸本文献仍是图书馆馆藏不可缺少的一部分。

关键词：数字阅读，纸本阅读，图书馆数字化

Abstract：This paper discusses the relationship between digital reading and printed book reading, as well as how digital reading affects library work. The author believes that digital library is the trend, but at present, printed books are still an indispensable part of library collections.

Keywords：digital reading, printed book reading, digital library

本次深圳读书月"中外新阅读论坛"的主题是"新媒体如何改变阅读形态"，邀请国内外专家共同探讨这一大家共同关心的话题。为此，我简单地谈谈数字阅读以及数字阅读与纸本阅读的关系等大家关心的问题，而后介绍一下如何利用图书馆阅读，尤其是如何利用图书馆进行数字阅读。考虑到在座的朋友大多不是图书馆或信息专业人士，因此我会尽量讲得通俗易懂一些。

先谈谈数字阅读。上个世纪，美国有个著名的图书馆学家兰卡斯特（F. W. Lancaster），他提出了一个"无纸社会"（paperless society）的著名预言："我们正在迅速地不可避免地走向无纸社会"[1]，"图书馆主要是处理机读文献资源，读者几乎没有必要再去图书馆"[2]，"再过 20 年，现在的图书馆可能完全消失"[3]。兰卡斯特发表这一观点时值 20 世纪 70 年代末期，我当时初涉图书馆学，受其影响颇大。大约在本世纪初年，曾有一位当年的崇拜者当面询问兰卡斯特，为什么他的这一预言没有如期实现，这位大牌教授的回答是：我的预言本没有错，是这个社会发展错了。—— 典型的美国式的幽默。

吴晞，深圳图书馆馆长，研究馆员。Email：wuxi@ szlib. gov. cn

我们应该公正地说,兰卡斯特的预言在总体趋向上并没有错,也用不着怪罪社会发展不对,只不过他所预设的具体时间和具体方式上有问题。我们的社会不大可能在某一时间点上,蓦然间变成"无纸社会",电子图书取代纸本图书要有一个相当长的此消彼长的过程,这个过程现在还远未终结;图书馆也不会在一夜之间消亡,而是在逐渐改变着收藏的内容和服务的方式,以适应时代的发展。任何大趋势式的预言均不可能准确预言具体的时间和方式,就是今天,我们依然不能准确地给出数字化发展的时间表,这点我们是不能苛求前人的。

数字文献是未来发展的趋势,也是图书馆发展的趋势,这个趋势不可改变。今年 7 月,亚马逊网上书店宣布,其电子阅读器 Amazon Kindle 的图书销售量首次超过精装书销量[4]。专家们将其解读为"标志性事件",称电子阅读时代的"拐点"到来了。当然,这一事件是否真的会成为"标志",还需要沉淀下来再看看,但电子图书、数字阅读一定会取代传统的阅读方式,数字阅读的时代正在到来,则是毋庸置疑的。

多年来一直流行这样一个观点:在电脑、网络和阅读器上读书只是"浅阅读",只有一卷在手才是读书,才能深入阅读。此乃无稽之谈,不仅缺乏人类文献发展的历史常识,也缺乏对当今数字文献资源的起码了解。从历史上看,人类使用过几乎一切可以用于记载图文的介质,如竹、木、绢、石、草、叶、泥、青铜、陶瓷、兽皮等,直到后来才普遍使用纸张。在使用这些载体的时候,人类的文明都曾辉煌发展,如纸莎草时期的古埃及文明,泥版文书时期的两河流域尼尼微文明,简策时期的商周秦汉文明。而后来之所以选择纸作为文献载体,原因在于其廉价易得。可以肯定,如果有更为廉价易得的载体出现,人们的选择肯定会发生变化,而且这个变化现在已经在发生了,因为已经有了数字文献这种更为优越、便捷、廉价的文献形式。在现有的各种数字资源中,仅就图书馆的收藏来说,就有各个学科的专业论著,有最新的科研学术成果,还有善本古籍等原始文献,这一切岂是"浅阅读"可以解释的?

有意思的是,历史上也曾发生过保守的士大夫鄙视纸张这个"新媒体"的事情。在东汉年间,有个叫崔瑗的官员送给朋友《许子》一书,因为是用纸抄写的,而不是用当时上层社会使用的缣帛(素),就写信致歉。《全汉文》记载了这封信的全文:"今遣奉书,钱千为资。并送《许子》十卷,贫不及素,但以纸耳。"[5]崔瑗写此信时应在蔡伦造纸成功之后的二三十年,当时社会主流还看不起纸张这个新载体,以至崔瑗还要为"贫不及素,但以纸耳"道歉。这与当今某些所谓的读书人看不起数字媒体何其相似。然而"简重而帛贵",必为新生的纸张所取代,就在其后不久,至迟在魏晋南北朝时期,纸张就成为主要的书写材料。

再谈谈纸本阅读。既然数字阅读的趋势不可改变,那么会不会出现"无纸社会"呢?应该说也不会。纸张和纸本文献当然还会继续存在并发挥作用,不会消亡。但是,如同枪械出现了弓箭还会存在,电灯出现了蜡烛还会存在,汽车火车出现了马匹还会存在,其地位和意义却是不一样的。记得在我幼年的时候,我祖父辈的一些老人很看不惯简体横排的书刊,因此断言我们这一代为此将变得没文化,"数典而忘其祖"。时至今天,事实证明,尽管我本人不够争气,但我们这一代人整体上并没有因此而变得比上辈更加没有知识和文化,文明依然以新的形式得到传承。现在每当我听到一些人对年轻人偏爱电子阅读而横加指责时,就会想起幼时的这些杞忧。我相信,即使有一天纸质文献真的消亡,电子文档独步天下,天也塌不下来。

与此同时,我们也必须看到,目前数字阅读尚在发展探索阶段,技术未定型,也没有形成公认的模式。说"未定型",是指主流技术和主流产品现在还没有在全社会确立,如 Amazon Kindle、中国的"汉王"等,虽风靡一时,但现在都还不能断言日后它们能否成为主流产品。刚刚风行的 iPad,似有成为主流的趋向,但现在看来下结论也为时尚早。我之所以要强调这一点,是因为现在有些所谓"专家"和商家在玩概念,动辄就打出"阅读革命"或"云阅读"等招牌,"云里雾里"般地忽悠,实质大多是出于商业利益驱动。日前有一家企业请我出席他们新电子阅读器的发布会,号称"阅读革命"。我表示,其产品确实很好,有新意 但如果说"革命",我就不去了,因为实在不靠谱儿。

选择数字阅读还是纸本阅读,在个人来说是各有所好、见仁见智的事,但对图书馆就不一样了,因为涉及图书馆的馆藏模式和服务方针这样的根本大计,必须要有清醒认识和正确对策。对此,我的看法是:图书馆数字化的发展方向是明确的,但目前图书馆的纸本文献仍然是不可缺少的。

关于图书馆数字文献和纸本文献的关系,现在有许多理论学说,可以

数字阅读·纸本阅读·图书馆阅读——在『中外新阅读论坛』上的演讲

说连篇累牍,涉及方方面面。而我们说目前图书馆的纸本文献还不可缺少,主要是基于以下两个很现实的因素:

一是社会纸质文献资源极为丰富,还没有被数字文献完全取代。图书馆有"传承文明"的社会责任,要为后人留下完整全面 的文化遗产,因此不能舍弃纸本资源。这点大家比较容易理解,不需多做论证。

二是读者对纸质文献的需求很大,尤其是公共图书馆,我们不能忽略普通读者尤其是底层民众对传统文献的现实需求。这事关图书馆办馆的理念方针,需要多说几句。

记是在 90 年代初期,我在某大学图书馆供职,当时这所大学图书馆宣布取消原有的卡片目录,全部采用机读目录(MARC)。这在全国高校图书馆是首家,我们都很以为荣耀,当时在图书馆界也是一件重大的事情。后来我到美国,得知了另外一个故事:在美国的一家大学,当时也曾计划取消卡片目录,但是因为有一位教授从不肯使用电脑,图书馆最后决定卡片目录依然保留。两种做法,反映了两种态度,两种考量。无疑,后者更具有人文关怀的精神,而不是技术至上主义,不是为技术而技术、为现代化而现代化。

我们今天的图书馆也面临同样的问题。近日上海图书馆公布的一份调查报告显示,纸本阅读目前仍为上海市民的主要阅读方式。这份针对 14 岁以上上海市民进行的问卷调查称,参加调查的 500 名读者中,超过 60% 的人首选阅读纸本书刊,62.58% 的受访者希望未来公共图书馆能同时提供更多的纸质资源和数字化资源,只有 17.15% 的人希望有更多的数字化资源[6]。

深圳的情况基本一致。据深圳图书馆的业务统计,2011 年每日在深圳图书馆本馆外借的图书就达 1.3 万册次,而电子书刊的阅览量每日却只有 3800 册/篇。全市其他公共图书馆纸本图书的外借量达到日均 2.9 万册次。也就是说,仅深圳一地的公共图书馆每日就有 4 万册以上的纸本图书被借出流通,这是我们无论如何不能忽略的数字。现代化也好,数字化也罢,其终极目的都在于人,于图书馆来说即在于读者。我们不能因为有人不能熟练使用现代技术方法,就判定他们落伍、OUT,就不顾及他们的需求。恰恰相反,我们更要多为他们着想,不能伤害他们的权益。因此,不管有关数字化发展的理论(也包括我在上文中所讲)有多么正确、多么雄辩,在目前以及可以预见的未来,我们不能放弃纸本阅读,至少在公共图书馆还不能。

公共图书馆是全社会的公共资源,全部公开免费提供市民使用。能够熟练使用好这些资源,是现代公民的基本知识与技能。现代社会号称"信息社会",公民对信息掌握和利用的能力至关重要。人们常说消灭"信息鸿沟",怎样消灭?其中一个最为重要的途径就是利用好图书馆的各种资源。因此,有必要介绍一下如何利用图书馆阅读,尤其是如何利用图书馆进行数字阅读。

利用图书馆读书,与其他的读书途径和方式,如私人收藏、到书店买书、向朋友借书、上网浏览等,是不同的。对于普通读者来说,最为重要的有两点:一是要学会利用图书馆收藏的各种工具书资源,既有纸本的辞书、类书、大型丛书、百科全书、年鉴、连续收藏的期刊等,也有各种检索用电子数据库,这是其他地方所无法具备的;二是利用好图书馆的系统收藏,同样也包括了纸本文献收藏和数字文献资源。这里仅就第二点再做些解释。

图书馆的一个重要职能,就是建立起完备的文献资源保障体系,为的是给当代提供有保障的系统的文献服务,也为给后世留一份完整的全面的文化遗产。这是图书馆最为重要的社会作用,目前还没有任何其他社会机构在这一点上可以取代图书馆。举例讲,如果某一学科或专题的有关文献有100篇,其研究者或学习者至少要掌握其中的80篇,还不能遗漏核心文献,才算得上有起码的了解。一个阅读者能否真正在总体上掌握文献,也就是能否阅读到这100篇文献当中的80篇,决定了他是否可以站在巨人的肩膀上,是否掌握了前人的成果。如果真的存在什么"深阅读"或是"浅阅读"的话(我个人是不大赞成这种说法的),是全面掌握文献,还是浮光掠影,就是其分水岭。社会上能够提供这样文献保障的机构只有图书馆。这就是图书馆系统收藏的不可替代的作用。

这样的功能和使命,书店能否完成呢?不能。书店只能提供当年及近年的新书,甚至只是有销路的新书,不会系统地按照学科、专题来收集和积累文献,也不会提供卖不出去的书刊。上网浏览固然可以获得大量信息,但属未经筛选,垃圾信息充斥,个人往往没有能力甄别利用。那么,凭借个人的收藏和私人途径能否建立起这样的文献保障体系呢?应该承认,历朝历代的私家藏书曾经起到过非常积极的历史作用,为文化传承、文献保存

017

和文献研究做出过不可替代的重大贡献,许多重要的学术成果也是以此为依托完成的。但毕竟时代不同了。现在有些朋友热衷于"名山事业",多年来收藏书刊,乐此不疲,我往往坦率地告诉他们:"雅好"可以,但不大可能凭此解决重大课题,藏书家的时代已经过去了。远在两千多年前的古代社会,对文献数量最为夸张的形容不过是"学富五车"、"汗牛充栋"。即使当时的文献总量如此有限,孔子还要"问礼"于"周藏室"(周王朝的国家图书馆),亚里士多德还要借助"学园图书馆"。可以说,面对今天的出版量和社会信息量,凭借个人的力量已经不可能建立起完备系统的文献收藏,只能依靠社会化的分工,也就是依靠图书馆及其他社会文献机构。这就如同生病要找医生,上医院,寻求专业帮助,靠个人买些感冒胶囊之类的只能对付一些头疼脑热的小毛病。顺便说一句,我个人从来不搞什么私人藏书,所有的书刊都定期清理,只有少量具有特殊意义的文献,如著者题赠,才会保留在我的书架上。因为我相信,所有的问题均可以依靠各种公共资源解决,不需要靠这些感冒胶囊过日子。

在图书馆的各种资源中,数字文献无疑是最重要、最实用、最具价值的。如果熟练掌握了图书馆收藏的各种数据库,就可以足不出户,而坐拥书城。这里简单介绍一下深圳读者可以方便利用的一些数字资源。

这张图表(略)展示的是深圳图书馆自建的数据库,共有 19 个,以深圳图书馆馆藏和深圳本地资源为主,大多是独有的资源。另一张图表(略)展示的是深圳图书馆外购的数据库,共计 29 项,67 个子数据库。总体状况是:中文资源基本齐备,外文资源中重要的综合性数据、大的学科数据也有所收藏,其中包括图书、期刊、报纸、学位论文、会议论文等,也有各种多媒体资料。凡是深圳图书馆的持证读者都可以在馆外通过网络免费使用这些资源。要知道,实现这些资源的远程利用是很不容易的,因为没有一家数据库商会同意将其资源放在广域网上无限制使用,我们通过很艰苦的谈判,还增加了相应的费用,才得以实现。

再看看全市的数字文献资源。几年前,深圳图书馆界的几大"巨头",即深圳图书馆、深圳大学图书馆和深圳大学城图书馆,而后又增加了深圳高职院图书馆,共同创建了"深圳文献港"(szdnet)[7]。现在收入"深圳文献港"的共有 188 项数据库(图表略)。可以说,全部中文资源已经齐全,外文数据也初具规模,世界上应用较为广泛的几个学科数据库都具备了。持证读者可以在馆外远程使用这些资源中的大部分。即使这些数据库不够齐备,使用者另有需求,还可以通过各种图书馆协作关系和资源平台,联系利用其他的数据资源,我们均可代劳,而且免费。

为使这些资源能得到有效利用,深圳图书馆曾举办了多期培训班、知识竞猜等活动,网站上还有详细的说明和视频演示。然而有些遗憾,这些资源的利用并不理想。如前文所述,目前深圳图书馆在数字资源的浏览量只有纸本图书外借量的三分之一左右。这说明市民的信息素养还不够高,我们的工作也还有很多欠缺。

朋友们,我们生活在一个日新月异的高科技时代、信息化时代、数字化时代,我们将有幸见证历史文化的沧海桑田之变。数字阅读的产生、发展和演变,就发生在我们的身边,与我们每个人息息相关,而且每日每时都在急剧变幻。为此,我不能确定上文中讲述的是否都是正确的,只能肯定地说:生活在这样一个风云变幻的时代,真好!

参考文献

1　兰卡斯特.情报检索系统[M].北京:书目文献出版社,1984

2,3　兰卡斯特.电子时代的图书馆和图书馆员[M].北京:北京科技出版社,1985

4　亚马逊:Kindle 阅读器图书销量首次超越精装书[EB/OL].[2010 – 07 – 20].http:// it. sohu. com/20100720/n273633602. shtml

5　崔瑗.与葛元甫书[M].《艺文类聚》卷 31.上海:上海古籍出版社,1999

6　调查显示纸本书刊仍为上海市民阅读主流[EB/OL].[2011 – 10 – 20].http://www. chinanews. com/cul/2011/10 – 20/3403701. shtml

7　深圳文献港[DB/OL].[2011 – 10 – 20]. www. szdnet. org. cn

数字阅读·纸本阅读·图书馆阅读——在『中外新阅读论坛』上的演讲

公共图书馆在城市知识化进程中的价值

叶莎莎　　倪晓建

The Value of Public Libraries during the Urban Knowledge Process

Ye Shasha　　Ni Xiaojian

摘要:从城市发展的视角,结合全球"知识城市"和"智慧城市"的创新理念,通过国内外各大公共图书馆的案例,探讨了公共图书馆在城市知识化进程中的价值。公共图书馆在城市的信息资源获取、消除数字鸿沟、促进经济发展、终身学习及社会包容等方面,都发挥了重要的作用。在城市文化发展中,公共图书馆作为城市文化遗产的保存地,不仅是城市记忆的宝库,而且是城市民众的智慧之源。

关键词:公共图书馆,知识城市,智慧城市,城市文化,图书馆价值

Abstract: From the aspects of urban development and associated with the innovative concepts of "knowledge city" and "smart city", this paper analyses some cases on public libraries and probes the value of public libraries during the urban knowledge based process. Public libraries have been playing significant role in many ways, such as helping information acquirement, eliminating digital gap, promoting economy development and life study as well as social tolerance etc. Meanwhile, public libraries as the conservation of cultural heritage are not only the treasure of city memories but also the wisdom source of the citizens.

Keywords: public library, knowledge city, smart city, urban culture, library value

1 引言

城市是伴随着人类社会的发展逐步形成和完善的。城市在不断发展的过程中形成了独特的城市文化,图书馆则是城市文化服务体系中重要的组成部分。2004 年,《知识城市宣言》(Knowledge City Manifesto)指出,今日的城市应强化"以知识为基础发展,走城市知识化之路"[1]。由此,城市知识化进程作为一种全新的城市发展理念进入全球视野。

如果说文化是城市的灵魂,那么公共文化特别是公共图书馆,就是城市之魂的重要表现形式。联合国教科文组织的《公共图书馆宣言》(Public Library Manifesto 1994)认为:"公共图书馆是传播教育、文化和信息的一支有生力量,是促使人们寻找和平和精神幸福的基本资源。"[2]从社会发展的角度看,公共图书馆不仅是城市文明的重要标志,而且是城市知识化程度和综合能力的体现。因而,探讨公共图书馆在城市知识化进程中的价值具有重要的现实意义。

叶莎莎,中国人民大学信息资源管理学院,在读博士研究生。Email: yeshasha@ruc.edu.cn
倪晓建,首都图书馆馆长,教授,中国人民大学博士生导师。Email: nxj@clcn.net.cn

2　公共图书馆的价值:从知识城市到智慧城市

2.1　知识城市与公共图书馆

从 20 世纪 90 年代起,很多国家通过"复兴城市"(Urban Regeneration)计划发展知识产业,将一些城市转型为知识城市,为城市知识化进程提供了全新的思维模式[3]。与此同时,"知识城市"(Knowledge City)这一概念应运而生。瑞典的知识管理运动(KM Movement)之父雷夫·艾德文森(Leif Edvinsson)认为"知识城市是一个有目的地鼓励、培育知识的城市"[4]。知识城市,强调了城市的知识化、网络化、虚拟化、人文多样性、知识资本以及竞争力。

衡量知识城市的指标体系主要有 11 个方面,其中明确提到了公共图书馆的建设问题,要求公共图书馆的网络系统达到一定的标准。其他方面如"有途径让知识为广大市民所使用"、"所有的文化服务设施能够适应中心教育的战略"、"尊重市民文化的多样性"等,都与公共图书馆的发展密切相关。由此可见,在城市知识化进程中,公共图书馆的建设和发展是必不可少的重要环节。

目前,具有全球知名度的知识城市有伦敦、巴塞罗那、斯德哥尔摩、波士顿等。其中,伦敦利用"城市创新引擎"的内涵,通过举办各种文化、艺术、科技博览、教育交流等活动,增强其作为典型"知识城市"的品位和影响力。与此同时,伦敦有相当发达的公共图书馆系统,图书馆服务覆盖城市各个角落。伦敦公共图书馆兼具教育、娱乐、网络、资讯、社区服务等各种功能,同时也是社区活动中心。伦敦的公共图书馆在促进城市知识化进程中发挥了重要的作用。

波士顿是美国最有文化价值的城市之一,也是一个典型的知识城市。它拥有哈佛大学、麻省理工学院(MIT)等重要科研机构。波士顿公共图书馆(Boston Public Library)是美国第一个公众市立图书馆,也是第一个允许公民免费借阅图书的图书馆。对波士顿公共图书馆在城市中的角色,馆长艾米·莱恩认为,"波士顿公共图书馆是一个文化的、教育的、娱乐的机构"。也有人称赞道:"这里有波士顿美好而持久的东西。"波士顿公共图书馆在促进城市学习、社会包容、保存文化和公民意识等方面,做出了杰出的贡献。

深圳是中国改革开放的标志性城市,也是一所充满活力的年轻城市。如今,它已不再是30年前的"文化沙漠",而被誉为世界"杰出的发展中的知识城市"。深圳积极推进"图书馆之城"等理念,并连续10年举办"读书月"活动,每年以一个月时间来唤醒公众的读书意识,倡导全民阅读。目前深圳已基本形成一个包括市、区、街道、社区四级图书馆在内的庞大图书馆网络。这种布局理念,打破了我国传统以行政级别划分带来的局限,确立了以服务人口作为图书馆建设的重要标准。与此同时,公共图书馆大力推行"图书通借通还"服务,为市民提供功能完善、方便快捷的服务,并将提供丰富资讯、支持终身学习、丰富文化生活作为公共图书馆服务的目标。

2.2　智慧城市与公共图书馆

"智慧城市"(Smart City)是21世纪在全球范围开展的城市发展新理念,主要源自2008年IBM公司提出的"智慧地球",其核心是"感知化"、"互联化"和"智能化"。"智慧城市"运用先进的信息和通信技术,将人、商业、运输、通信、水和能源等城市核心系统整合起来,借助物联网和传感网,构建城市发展的智慧环境,形成生活、产业发展、社会管理的新模式和新的城市形态,为城市中的人们创造更好的生活[5]。

"智慧城市"是城市知识化进程中的创新,是知识化城市的进一步发展。主要具有如下特征:(1)全面物联:智能传感设备将公共设施物联成网,对城市运行的核心系统实时感测;(2)充分整合:物联网与互联网完全连接和融合,将数据整合为城市核心系统的运行全图,提供智慧的基础设施;(3)激励创新:鼓励政府、企业和个人进行科技和业务创新应用,为城市提供源源不断的发展动力;(4)协同运作:基于智慧的基础设施,城市的各个关键系统和参与者进行和谐高效的协作,达成城市运行的最佳状态。

英国的城市发展经历了工业化、数字化阶段,目前正进入智慧化阶段。例如,爱丁堡的智慧政府,积极推广集公交卡、图书馆借书证、社保卡、支付卡等一体化的"智慧身份证"。公共图书馆通过集成的一体卡,向市民提供良好的公共服务,并激发全民的读书热情。在英国,去图书馆的人次要超过看电影及体育赛事的人次。英国政府认为,城市的发展最终取决于人的因素,而图书馆在培育未来人力资源方面有着不可替代的作用。因此,公共图书馆的建设就成为智慧城市建设中的重要环节。

新加坡在2006年启动智慧建设计划,力图通过物联网等信息技术,将新加坡建设成为一流的国际化城市。2002 年,新加坡国立图书馆在世界上第一个实行"射频识别"(RFID)系统。随后世界各地图书馆以每年 30% 的增长速度推广了 RFID 技术。新加坡致力打造一个世界级的、便捷高效的图书馆服务系统。通过高科技手段不断简化借还书手续,并将图书馆建在地铁站附近、商业中心和闹市区,让读者享受最大限度的方便。这些做法,完全颠覆了传统图书馆的办馆理念,为人们呈现了一种全新的图书馆模式。

澳大利亚的布里斯班(Brisbane)是一座崭新的现代化城市。布里斯班的目标是在 2026 年建设成为一座绿色智慧城市。在帮助建设智慧城市的过程中,布里斯班的图书馆(Brisbane City Council's libraries)发挥了积极的作用。布里斯班公共图书馆网页中清晰地写道:"布里斯班图书馆是帮助成千上万的人们获取各种信息、充满生气的、忙碌的场所。"[6] Christine Mackenzie 在文章《城市公共图书馆:帮助布里斯班成为智慧城市》[7] 中提到,公共图书馆在城市的信息获取、终身学习、消除数字鸿沟、社会包容及经济发展方面,发挥了重要的促进作用。公共图书馆以丰富的文化资源,不仅承担了传播知识的重任,而且形成了智慧城市的特色,增强了城市可持续竞争力。

2.3　从知识城市到智慧城市

在从知识城市到智慧城市的进程中,公共图书馆的价值得到了具体的体现。总结如图 1 所示。公共图书馆不仅是市民阅读和获取信息的重要场所,而且是社会教育的重要机构,也是公共文化服务体系的重要组成部分。

无论是知识城市还是智慧城市,尽管公共图书馆的价值体现有所不同,但其内在本质是不变的,"服务"是图书馆永恒的主题。无论是现在还是将来,图书馆存在和发展的价值,就在为城市提供良好的服务中得到体现。公共图书馆致力于提供丰富的信息和便捷的服务,并为知识城市和智慧城市的发展提供智力支持。

	主要特征	公共图书馆价值体现	城市举例
知识城市	鼓励、培育知识；知识化、网络化、虚拟化。	城市的创新引擎；文化、教育、娱乐的机构；提供丰富资讯、支持终身学习、丰富文化生活。	英国伦敦、美国波士顿、中国深圳。
智慧城市	感知化、互联化、智能化。全面物联、充分整合、激励创新、协同动作。	提供良好的公共服务，培育未来的人力资源；利用射频识别等技术，让读者享受便捷的服务；信息获取、社会包容、消除数字鸿沟等。	英国爱丁堡、新加坡、澳大利亚的布里斯班。

图1　公共图书馆的价值：从知识城市到智慧城市

3　公共图书馆在城市文化发展中的价值

美国社会学家、城市规划师芒福德（Lewis Mumford）有句名言："城市是文化的容器。"公共图书馆，则是城市的文化名片。公共图书馆不仅是城市的智慧地标，而且是文化遗产的重要保存地。在城市文化发展中，公共图书馆的价值主要体现在以下3个方面。

3.1　公共图书馆是城市记忆的宝库

为了让更多的人能够便利地获取图书馆丰富的馆藏，美国国会图书馆（The Library of Congress）作为全球最重要的图书馆之一，耗时近12年完成了关于美国历史文化的"美国记忆"项目（American Memory, Library of Congress），这是全球最有影响力的数字图书馆项目之一，资源类型涉及印刷资料、音频资料、动画、图片、地图、乐谱等。美国国会图书馆为保存城市历史文化做出了不朽的贡献。

作为城市的记忆宝库，公共图书馆通常保存有大量的地方史志、家谱等特色文献和历史典籍。为保护北京珍贵的文献遗产，首都图书馆根据地方文化特色和馆藏资源特点，建设了"北京记忆"大型历史文献多媒体数据库。它以数字化的形式服务于广大民众，并建立了集信息资源和咨询服务为一体的"北京记忆(Beijing Memory)"网站[8]。这些文献以特殊的方式记录着历史发展的重要瞬间,描绘着城市风俗的历史演变,折射着城市文明的延续与进步,为彰显城市文化提供了强有力的文献信息保障。

3.2　公共图书馆是民众的智慧之源

美国图书馆素来有民众智慧之源的称号。纽约公共图书馆(The New York Public Library)门前有两座石狮,它们的名字是"坚忍"(Patience)和"刚毅"(Fortitude)。在美国经济大萧条的日子里,纽约市的市长用这两个词来鼓舞大家熬过一个个黎明前的黑暗。2008年经济危机时期,美国公共图书馆的访问人数暴涨了65%之多[9]。此时,图书馆的价值得到了充分的体现。

我国杭州图书馆将"平民图书馆,市民大书房"这一理念贯穿于图书馆服务中,并面向所有读者免费开放,包括流浪者和乞丐。馆长褚树青曾表示:"我无权拒绝他们入内读书,但您有权选择离开。"这句话让民工、拾荒者、乞丐等弱势群体感受到了平等的权利。杭州图书馆通过人性化的服务,为民众提供了终身学习的场所。可见,公共图书馆不仅是城市的记忆宝库,也是民众获取智慧的源泉。公共图书馆在城市文化建设中做出了重要贡献。

3.3　公共图书馆是文化遗产的保存地

文艺复兴时期,修道院图书馆在某种程度上起了公共图书馆的作用。瑞士圣加仑修道院图书馆(Abbey library of Saint Gall)在欧洲以"学问中心"著称,是欧洲最古老的图书馆之一。这所图书馆藏有大量中世纪(8—12世纪)珍贵的手写本,保存着上百册无价的羊皮纸手稿,并以拥有世界上最古老的建筑设计图而被评为出色的世界文化遗产[10]。

圣加仑修道院图书馆大门上用希腊文写着:"医治灵魂的场所"。美国作家尼古拉斯(Nicholas A. Basbanes)在《永恒的图书馆》[11]中也提到,图书馆作为医治灵魂的场所,从最早的亚历山大图书馆开始便承担着保存书籍和传递知识的重要作用。可以说,公共图书馆在保存城市文化遗产方面做了突出的贡献,同时它也是一个医治人类灵魂的场所。这是公共图书馆的重要价值所在。

总之,公共图书馆的价值,体现在城市文化发展的很多方面。除以上几方面内容外,公共图书馆还承担着保障公众阅读、促进终身学习、组织文化活动、关注弱势群体、整合文献资源等功能。概括起来如图2所示。

图 2　公共图书馆在城市文化发展中的价值

4　几大城市公共图书馆价值理念的启示

公共图书馆以深厚的历史文化积淀,承载了不同的价值理念和使命。为了能更深刻地体会公共图书馆的价值,对五所著名城市公共图书馆的使命/目标、理念/价值进行了梳理[12]（如表 1 所示）,包括亚历山大图书馆（Bibliotheca Alexandrina）、纽约公共图书馆（The New York Public Library）、多伦多公共图书馆（Toronto Public Library）、香港公共图书馆（Hong Kong Public Libraries）和新加坡国家图书馆（National Library of Singapore）。

表 1　五所公共图书馆价值理念的对比归纳

名称	地点	使命/目标	理念/价值
亚历山大图书馆 Bibliotheca Alexandrina	埃及亚历山大城	使命:亚历山大图书馆是一个杰出的生产和传播知识的中心,是不同文化和民族间对话、学习和相互理解的殿堂。目标:1)埃及的世界之窗;2)世界的埃及之窗;3)引领数字时代的研究机构;4)学习、宽容、对话和理解的中心[13]。	文化理念: 1)是埃及辉煌文化的中心; 2)是世界的知识中心和信息时代的发端; 3)是多元化和多样性对话学习的中心; 4)具有开放、对话和理性的精神; 5)承载人类全部和不同的经验。

续表

名称	地点	使命/目标	理念/价值
纽约 公共图书馆 The New York Public Library	美国 纽约	纽约公共图书馆的使命是:鼓励终身学习、拓展知识、提高社区服务[14]。	文化理念: 1)超越世俗和强势文化传统的眼光; 2)激扬读者和研究者的智慧; 3)科学的采访工作形式; 4)妥善保存馆藏。
多伦多公共 图书馆 Toronto Public Library	加拿大 多伦多	主要使命:1)适应市民不断变化的需求,为其提供免费的平等的公共图书馆服务;2)以一种友好、相互支持的环境来保存并促进全人类使用人类所产生的广泛的知识、经验、信息、观念;3)坚决拥护"信息自由"原则;4)负责对图书馆资源的高效管理并负责为市民提供高质量的图书馆服务。	价值观: 1)负责;2)创新;3)平等; 4)正直;5)参与;6)尊重; 7)远景;8)服务导向; 9)信息自由。
香港公共 图书馆 Hong Kong Public Libraries	中国 香港	主要目标总结:1)为公众提供免费设施,能轻易获取有关各学科及其最新发展的资料;2)让市民利用图书馆资源自学进修;3)促进市民对文学创作和研究的兴趣,发展和保存香港文学,促进文化交流;4)让市民外借馆藏回家享用,善用余暇;5)作为社区文化中心,举办各种活动,为不同年龄的读者提供资讯、娱乐和消遣及为日常生活增添姿彩。[15]	特色服务理念: 1)香港城市历史寻迹; 2)艺术之都的音乐特藏; 3)香港文学作品的橱窗; 4)奇特载体的玩具特藏; 5)为终身学习服务的公开资料特藏; 6)地图爱好者之家。

公共图书馆在城市知识化进程中的价值

续表

名称	地点	使命/目标	理念/价值
新加坡国家图书馆 National Library of Singapore	新加坡	使命:通过我们的图书馆,让知识具有生命力,激发想象力和创造的可能性。(愿景:做终身读者、建学习社区、成知识国家。)	共同的价值观: 1)用户服务和卓越的承诺; 2)共同工作和分享;3)学习热情;4)重视社区;5)承担责任。

　　这几所公共图书馆各具特色,都对城市文化发展和城市知识化进程做出了卓越的贡献。尽管它们的使命/目标、理念/价值有所不同,但其中都包括两个重要的核心词汇:"学习"、"知识"。无论是历史悠久的亚历山大图书馆,还是现代化的香港公共图书馆,人们都能从中感受到"学习"和"知识"的浓厚氛围。正如亚历山大图书馆的使命一样,公共图书馆是一个生产和传播知识的中心,是不同文化和民族间对话、学习和相互理解的殿堂。这再次体现了《公共图书馆宣言》的理念:"公共图书馆,作为人们寻求知识的重要渠道,为个人和社会群体进行终身教育、自主决策和文化发展提供了基本条件。"[2]

　　进入 21 世纪以后,以《公共图书馆宣言》为主的图书馆理念在中国广泛传播,促进了我国公共图书馆价值的发展。平等、自由、免费、开放等世界公共图书馆核心价值,促使我国公共图书馆从保守、封闭、有偿服务,向开放、平等、免费服务转变。中国图书馆协会在 2008 年正式公布了《图书馆服务宣言》[16],宣言指出:"图书馆是通向知识之门,它通过系统收集、保存与组织文献信息,实现传播知识,传承文明的社会功能。现代图书馆秉承对全社会开放的理念,承担起实现和保障公民基本阅读权利、缩小社会信息鸿沟的神圣使命。"

5　结语

　　西方有句古谚:"崇尚智慧、珍视传统的民族永远不会消逝,也永远不会堕落。"在城市的知识化进程中,无论是知识型城市的建立,还是智慧化城市的兴起,公共图书馆在城市的信息资源获取、消除数字鸿沟、促进经济发展、终身学习及社会包容等方面,都发挥了重要的积极作用。不管时代如何变迁,不管技术如何发展,公共图书馆永远是城市记忆的宝库、是城市民众的智慧之源,同时也是保存城市文化遗产和医治人类灵魂的场所。可以说,公共图书馆的价值,在城市的知识化进程中得到了充分的体现。在公共图书馆与城市文化的相互交融中,公共图书馆也完成了由文化到思想的沉淀,成为人们汲取营养的知识殿堂。

参考文献

1 王志章,赵贞,谭霞.从田园城市到知识城市:国外城市发展理论管窥[J].城市发展研究,2010(8)

2 IFLA/UNESCO. Public Library Manifesto 1994[EB/OL].[2009 – 04 – 22]. http://archive. ifla. org/VII/s8/unesco/eng. htm

3 全球知识城市案例分析[EB/OL].[2011 – 02 – 25]. http://www. chinacity. org. cn/cspp/csal/66906. html

4 百度百科. 知识城市[EB/OL].[2010 – 08 – 20]. http://baike. baidu. com/view/2938059. htm

5 秦洪花,李汉清,赵 霞."智慧城市"的国内外发展现状[J].信息化建设,2010(9)

6 Brisbane City Council[EB/OL].[2011 – 09 – 21]. http://www. brisbane. qld. gov. au/facilities – recreation/libraries/

7 Christine Mackenzie. Urban Public Libraries:Helping Brisbane to become a smart city[EB/OL].[2000 – 12 –01]. Australasian Public Libraries and Information Services.

8 北京记忆[EB/OL].[2011 – 09 – 29]. http://www. bjmem. com/bjm/

9 Jim Carlton. Folks Are Flocking to the Library,a Cozy Place to Look for a Job[EB/OL].[2009 – 01 – 15]. The Wall Street Journal. http://online. wsj. com/article/SB123197709459483585. html

10 Wikipedia. Abbey library of Saint Gall[EB/OL].[2011 – 03 – 21]. http://en. wikipedia. org/wiki/Abbey_library_of_Saint_Gall

11 尼古拉斯. A. 巴斯贝恩. 永恒的图书馆[M]. 上海:人民出版社,2011

12 王世伟. 世界著名城市图书馆述略[M]. 上海:科学技术文献出版社,2006

13 Bibliotheca Alexandrina[EB/OL].[2011 – 09 – 29]. http://www. bibalex. org/aboutus/mission_en. aspx

14 The New York Public Library[EB/OL].[2011 – 10 – 07]. http://www. nypl. org/help/about – nypl/mission

公共图书馆在城市知识化进程中的价值

15　香港公共图书馆［EB/OL］.［2011 - 10 - 10］. http：//sc. lcsd. gov. hk/gb/www. hkpl. gov. hk/tc_chi/aboutus/aboutus_intro/aboutus_intro. html

16　《图书馆服务宣言》及解读［EB/OL］.［2008 - 06 - 03］. http：//www. gzlib. gov. cn/ special_topic/detail. do？ id = 278956

Europeana: the Early Years of Developing Europe's Digital Library and the Local and Regional Contribution

Robert Davies

欧洲数字图书馆：
早年发展及对当地和区域所作的贡献

罗伯特·戴维斯

摘要：本文概述了欧洲数字图书馆服务的发展历程，从 2005 年作为政治议案的提出到 2011 年发展成为一个运行良好且具有广泛影响力的服务机构，本文也描述了其主要支持项目之——Europeana Local 项目在建立一个庞大的数字资源系统（资源来自于本地及区域内文化机构）所起的作用。

关键词：欧洲数字图书馆，数字图书馆，文化

Abstract：This paper outlines the development of the Europeana service, the flagship digital library initiative within Europe's digital agenda from its genesis as political initiative in 2005 to a functioning and widely influential service in 2011. The role of Europeana Local—one of its major support projects—in contributing a large body of digital content sourced by cultural institutions at local and regional level throughout Europe is also described.

Keywords：Europeana, digital libraries, culture

Introduction

"Europeana.eu" is an internet portal that acts as an interface to millions of books, paintings, films, museum objects and archival records that have been digitised throughout Europe. Mona Lisa by Leonardo da Vinci, Girl with a Pearl Earring by Johannes Vermeer, the works of Charles Darwin and Isaac Newton and the music of Wolfgang Amadeus Mozart are some of the highlights on Europeana.

More than 1500 institutions across Europe have contributed to Europeana. These range from major international names such as the Rijksmuseum in Amsterdam, the British Library and the Louvre to regional archives and local museums from every member of the "EU. Together", their assembled collections let users explore Europe's cultural and scientific heritage from prehistory to the modern day.

Robert Davies, MDR 合作机构主管。Email: rob.davies@ mdrpartners.com

Background and history

The catalyst for Europeana was a letter sent by Jacques Chirac, President of France, together with the premiers of Germany, Spain, Italy, Poland and Hungary to the President of the European Commission in April 2005. The letter recommended the creation of a virtual European library, to make Europe's cultural heritage accessible for all. The letter added resonance to the work that the Information Society and Media Directorate had been engaged in for over a decade, with programmes such as Telematics for Libraries. It gave strong political endorsement to the Directorate's strategy, i2010: communication on digital libraries which was published on 30 September 2005.

The strategy announced the intention to promote and support the creation of a European digital library, as a goal within the European, which aims to foster growth in the information society and media industries. The project that would begin the building of Europeana was called the European digital library network——EDLnet——and was aimed at building a prototype of a cross-border, cross-domain, user-centred service. It was funded by the Commission under their eContentplus programme, one of the research and development funding streams of i2010. The prototype was launched on 20 November, 2008. At its beta launch, the site gave access to 4. 5 million digital objects——more than double the initial target——from over 1000 contributing organisations, including world-famous national library, gallery and museum collections from the capitals of Europe. Due to an unexpected user surge (peaking at an estimated 10 million hits an hour), the servers were unable to cope with the massive load. The site was temporarily taken down, and after series of technical upgrades went up again in December 2008.

In February 2009, the successor of EDLnet——Europeana version 1. 0——began. This 30-month project was to develop the prototype into a fully operational service. In 2010, the project accomplished its objective of giving access to over 10 million digital objects. Early in 2011 new features on the site included a translation tool and the ability to expand on information by automatically transferring the search term to Wikipedia and other services.

Europeana gives access to different types of content from different types of heritage institutions. The digital objects that users can find in Europeana are not stored on a central computer, but remain with the cultural institution and hosted on their networks. Europeana collects contextual information——or metadata——about the items, including a small picture. Users search this contextual information. Once they find what they are looking for, if they want to access the full content of the item, they can click through to the original site that holds the content. Different types of cultural heritage organisations——libraries, museums, archives and audiovisual collections——catalogue their content in different ways and to different standards.

Approaches also vary in different countries. In order to make the information searchable, it has to be mapped to a single common standard, known as the Europeana Semantic Elements. This metadata standard at present takes a lowest common denominator approach to the integration of different types of digital content. However, the introduction of a richer metadata standard, the Europeana Data Model, will help to give users more and better information. Europeana accepts metadata about digital objects, it doesn't make any decisions about digitisation. The decision about which objects are digitised lies with the organisation that holds the material.

In its Strategic Plan for 2011—2015[1], which was published in January 2011, Europeana outlines four strategic tracks that will shape its further development:

- Aggregate——to build the open trusted source for European cultural and scientific heritage content;
- Facilitate——to support the cultural and scientific heritage sector through knowledge transfer, innovation and advocacy;

欧洲数字图书馆：早年发展及对当地和区域所作的贡献

033

- Distribute——to make heritage available to users wherever they are, whenever they want it;
- Engage——to cultivate new ways for users to participate in their cultural and scientific heritage.

As a result, Europeana plans to move well beyond reliance upon its general portal as the main means of access to the huge amount of content which it has made available. It will achieve this by seeking to put its content in the"workflow"of users in key target sectors such as education and tourism and by supporting its re-use.

The means to this end include those of a technical kind such as making available the Europeana API and by moving to open licencing through the adoption of the CC0 1.0 Universal Public Domain Dedication, reflected in the terms of the Europeana Data Exchange Agreement (DEA) [2].

Governance

The Europeana Foundation is the governing body of the Europeana service. Its members are the presidents and chairs of European associations for cultural heritage and information associations.

A Council of Content Providers and Aggregators (CCPA), exists to represent the interests of institutions across the whole cultural sector and elects six members to the Europeana Foundation board. Its name was changed to the Europeana Network by a vote its members, following a survey, at its meeting in Rotterdam in December 2011.

The Foundation promotes collaboration between museums, archives, audiovisual collections and libraries so that users can have integrated access to their content through Europeana and other services.

034

The Foundation is incorporated under Dutch law as Stichting Europeana and is housed within the Koninklijke Bibliotheek, the national library of the Netherlands. It provides a legal framework for the governance of Europeana, employing the staff, bidding for funding and enabling the sustainability of the service.

The executive director of the Europeana Foundation is Jill Cousins.

Europeana projects

There are a number of projects——the Europeana Group[3]——that are contributing technology solutions and content to Europeana. These projects are run by different cultural heritage institutions and include:

- Europeana v1.0 is developing a fully functional Europeana website.
- APEnet——Archives Portal Europe.
- ASSETS aims to improve the usability of Europeana.
- ATHENA aggregates museum content and promotes standards for museum digitisation and metadata.
- Biodiversity Heritage Library - Europe.
- CARARE aggregates content for the archaeology and architectural heritage.
- Digitising Contemporary Art (DCA).
- ECLAP will build a large digital library of performing arts and UGC.ECLAP Portal.
- Europeana Connect adds sound material to Europeana.
- European Film Gateway (EFG).
- Europeana Libraries will add over 5 million digital objects to Europeana from 19 of Europe's leading research and university libraries.
- Europeana Local brings content from regional and local content holders.
- Europeana Regia is digitising royal manuscripts from Medieval and Renaissance Europe.
- EURO-Photo digitises photographs from news agencies.
- EUscreen contributes television material to Europeana.
- Europeana Travel will bring material associated with travel, trade, tourism and migration into Europeana.
- Heritage of People's Europe (HOPE) aims to improve access to

digital social history collections.

- JUDAICA Europeana looks at the Jewish contribution to Europe's cultural heritage.
- Linked Heritage aims to add substantial new content from commercial and public sectors, and enrich Europeana's metadata with a "linked data" approach.
- Musical Instrument Museums Online (MIMO).
- Natural Europe connects the digital collections of natural history museums.
- OpenUp! brings Europe's natural history heritage to Europeana.
- PATHS.
- The European Library aggregates the content of national libraries.
- thinkMOTION gathers content from the field of motion systems.

Europeana and the projects contributing content to "Europeana.eu" have been funded by the European Commission under eContentplus, the Information and Communications Technologies Policy Support Programme (ICT PSP) and similar programmes. In order to participate in a wide range of projects, which are funded by the Commission for 50%—100% of the costs. Europeana is also reliant for an element of its funding on Member States' ministries of culture and education. Plans were announced in the autumn of 2011, for Europeana to move to a more easily sustainable funding regime under the Connecting Europe[4] facility from 2013 onward.

Local content——Europeana Local

EuropeanaLocal, a Best Practice Network Project, set out to put in place an infrastructure that will continue to increase the content available to Europeana, specifically by instigating and demonstrating the contribution to be made by content sourced from cultural institutions (archives, libraries and museums) at local and regional level. At the same time, the project sought to enhance the skills, expertise and motivation required to support local institutions to do this throughout Europe.

Over its three year duration (2008—11), this Network has acted to improve the interoperability of the digital content held by regional and local institutions and make it accessible through the Europeana service and in principle to other services, helping establish a network of OAI-PMH compliant repositories that are highly interoperable with Europeana.

Europeana Local has sought to work with Europeana to establish efficient and sustainable processes through which local institutions can easily make their content available during and after the project, adopting and promoting the use of Europeana infrastructures, tools and standards, as specifications have emerged, especially OAI-PMH repositories and Europeana's metadata application profiles initially, moving forward to its semantic-oriented approaches later.

Partner consortium

The Europeana Local consortium established in order to bring about successful networking of this kind included:

- A financial co-ordinator (Sogn og Fjordane).
- A project manager/scientific co-ordinator and experienced dissemination leader with responsibility for development and maintenance of the project information service and website (MDR Partners).
- Europeana Foundation, which acted as technical, standards and interoperability co-ordinator.
- Two technical partners (Asplan Viak from Norway and EEA from the Slovak Republic) with specific, relevant areas of expertise, to provide ongoing support and training for partners from local and regional organisations, in accordance with existing level of skills, knowledge and experience, in order to enable them to install and operate the necessary Europeana-defined tools, such as those for repository software, metadata mapping and vocabulary transformation.
- One large municipal, regional or national level representative in

欧洲数字图书馆：早年发展及对当地和区域所作的贡献

037

each EU Member State, able to provide a substantial body of digital content metadata from museums, archives and libraries, to demonstrate appropriate content use policies and intentions and a capacity to implement the architecture and tools defined by Europeana Local. Where necessary this country representative has guaranteed the association of other content holders necessary to provide a sufficient critical mass of digitised cultural content. A full list of partners can be found at "http://www.europeanalocal. eu/eng/About/Partners" Where they existed, national or regional aggregators which incorporated local and regional content were selected in this role. However, at the beginning of the project, this was the case in a minority of Member States. Elsewhere, a region, municipality or institution in each country was identified as the national consortium partner, according criteria which included access to a substantial pre-identified corpora of already digitised content sourced from across the museums, archives and libraries sectors and held on the web or in machine-readable databases, content management systems and repositories.

Activities

The sequence of activities carried out within the Europeana Local process involved:

- A Metadata survey and content analysis. A relatively brief phase of necessary survey work to determine the range of available content and metadata schema and approaches, harvesting activities and repository aggregation levels in use in the participating museums, archives, libraries and other cultural content holders at local and regional level.

- A training and knowledge transfer process, in order to make it easier for institutions at local and regional levels to contribute their content to Europeana. Two series of training workshops were organised in a number of European locations to share experiences, good practices and problems encountered throughout the process of implementing OAI-PMH metadata harvesting infrastructure and the Europeana Semantic Elements（ESE）metadata profile in partner collection management systems, familiarise participants with current developments in Europeana and to look at semantic web and content enrichment opportunities. A Technical Guidance toolkit manual was made available together with an online help desk service provided by the two technical partners, who divided their support equally between two geographic"sections"of Europe.

- Mapping and normalisation. A strong base of knowledge was gained through the preparatory work carried out in the first year of Europeana Local and the subsequent installation and population with metadata and testing of the repository software selected in each location. By the end of the first year, the great majority of Europeana Local partners were able to build on this base by mapping the elements from the metadata formats in use locally to the ESE. A normalisation process was then carried out by Europeana to enable machine readability. Guidelines on metadata and normalisation were produced by the Europeana office to assist content providers with the preparation of their data, explaining in more detail the use of the elements and the mapping process. In undertaking this work, partners were able to use a"Content Checker"tool provided by Europeana, allowing them to search, browse and validate their data as if they were using Europeana itself: Europeana Local was the first project to make use of this tool and in this way acted as a"test bed"for Europeana and the other Europeana related projects.

- Content harvesting and ingestion. The second year saw the launching of the main implementation phase of the project according to a timetable and plan established as part of the project's technical workshops. By about the end of the first half of 2010, content had been harvested by Europeana from some 20 of the partner countries, with most of the remainder coming on stream during the rest of 2010. Many of the partners have continued to make available new content for subsequent ingestion as Europeana Local gained momentum among content providers in each country.

- Dissemination and awareness raising was a vital component of the work of Europeana Local. Key mechanisms for understanding and participating in Europeana, such as the Aggregator Handbook and the Public Domain Charter were actively promoted to its constituency. A project website "www. europeanalocal. eu" was established and continuously developed in line with Europeana branding and design guidelines. This was underpinned by a substantial database of stakeholders for content distribution. However the key activity and focus for much of Europeana Local resources in the third year of the project involved the organisation of national meetings in each participating country in which Europeana representatives were also frequently involved. These were often high profile events in which many actors players in the cultural heritage sector participated. Europeana Local partners have also participated in a number of national and international events to promote their experiences more widely.

- End users have been involved in the validation of the work of Europeana Local through the establishment of a user testing group in each partner region. These were called upon to carry out structured usability testing of Europeana specifications and interfaces at various key stages of the project.

- Evaluation and progress monitoring. Tools were developed to assess the quantity of content at various stages in the"pipeline"to Europeana and used to monitor progress on this front. A study to assess the impact of Europeana Local on users and content providers was designed and implemented during the final four months of the project.

Results and achievements

Europeana Local achieved a considerable success in having over 3.4

million items ingested by Europeana for its"Rhine release"in summer 2010. This figure fluctuated at around 24%—33% of all the content accessible through in Europeana at that point. Europeana Local 's contribution was thus instrumental in enabling Europeana to exceed its own target of 10 million items for this release.

By the end of the project, approaching 6 million items had been made available for ingestion from a total of 19 million in Europeana in all. The content made available by the Europeana Local network has added substantial value to Europeana and its users, by making available:

- a greatly expanded and enriched geographic and thematic range of freely available and accessible content to be found by users through the Europeana portal, including items and collections of high cultural value ("treasures") held at local or regional level;
- specific local collections held by libraries, museums and archives, local sound and film archives;
- public records held by archives;
- material relevant to local history from less formal cultural associations and bodies.

At the outset of the work, partners were asked to reconfirm how many individual content providers (cultural institutions) they were involving by means of a content survey. The 26 responding partners identified 379 content providers in total (or a quotient of 14.6 per partner). This number included: 122 libraries, 37 museums and 17 archives. However, the largest category (203), were designated"other"and represented local collection holders such as church councils or local history Associations

By the end of the project a further 403 content providers (112 libraries, 186 museums, 19 archives, 86 others) had been brought into the Europeana's network, representing over 700 institutional content providers in all, becoming involved as a result of Europeana Local.

However, Europeana's goal is to harvest metadata from a manageable number of aggregations at domain or national level across Europe, rather than the several thousand individual repositories which would be needed to provide representative coverage of Europe's regions and localities. The mobilisation of infrastructure brought about by Europeana Local had a very significant impact in this direction.

In a survey for the project's Impact Study, partners responded as follows to questions regarding the respective situations at the start and predicted at the end of Europeana Local regarding the aggregation of local and regionally-sourced digital content metadata in their country.

What was the situation at the start of the project regarding the aggregation of local and regionally-sourced digital content metadata in your country		What do you expect will be the situation by the time of the end of Europeana Local?		+ -
None existed.	9	None will exist.	0	+9
One or more existed, but only covered a limited number of local or regional institutions.	2	One or more will exist, but will only cover a limited number of local or regional institutions.	4	+2
One or more existed, but only covered a limited geographical or administrative area.	2	One or more will exist, but will only cover a limited geographical or administrative area.	3	+1
One or more existed, but only covered some institutional domains.	4	One or more will exist, but will only cover some institutional domains.	4	-
An aggregator already existed with the intention to incorporate all or most local and regional content but had made only limited progress.	2	An aggregator will exist with the intention to incorporate most or all local and regional content metadata but will not have yet achieved its aim.	6	+4
More than one national aggregation service aiming to include local and regional content existed in an unclear or competing environment.	2	More than one national aggregation service aiming to include local and regional content metadata will exist in an unclear or competing environment.	3	+1
A fully functioning national aggregator service already existed.	4	A fully functioning national aggregator service will be in existence.	5	+1

Fig 1　Progress on national aggregations of local and
regional content achieved during Europeana Local

Most notably, whereas there were nine member states in which no such aggregation existed at the beginning of the project period, there were no such instances by the end. This improvement can be set alongside an increase from 2 to 6 in the number of countries where a national aggregator had expressed the intention to establish a service including most or all regional local content in addition to an increase from 4 to 5 in the number of countries already doing so.

Partners in Europeana Local faced a variety of technical and organisational challenges including:

- those associated with OAI-PMH infrastructure or other hardware/software;
- complying with Europeana metadata and standards;
- availability of qualified staff;
- finance;
- copyright/IPR issues;
- issues related to the"politics of aggregation"or domain relationships.

Asked in the course of the project's evaluation work, to indicate to what extent these issues have been resolved within the framework of Europeana Local, responding partners indicated that: whereas most technical challenges had been resolved through the training and guidance available, more underlying systemic problems such as finance and staff availability remained an issue.

References

1　Europeana Strategic Plan 2011 – 15. http：//version1. europeana. eu/c/document_library/ get_file？ uuid = c4f19464 – 7504 – 44db – ac1e – 3ddb78c922d7&groupId = 10602

2　Europeana Data Exchange Agreement. http：//www. version1. europeana. eu/c/document_ library/get_file？ uuid = deb216a5 – 24a9 – 4259 – 9d7c – b76262e4ce55&groupId = 10602

3　The Europeana Group of projects（current list）. http：//group. europeana. eu/web/guest； jsessionid = E0910A0114B67BDD1586A16E4584F981

4　Connecting Europe. http：//ec. europa. eu/news/energy/111019_en. htm

欧洲数字图书馆：早年发展及对当地和区域所作的贡献

解读公共图书馆的社会和谐与包容使命*

——合理性、理论基础及实现策略

于良芝　李晓新

The Public Library's Mission for Promoting Social Inclusion: Legitimacy, Theories and Practices

Yu Liangzhi　Li Xiaoxin

摘要：本文依据国外自 20 世纪 90 年代末以来发表的相关文献,分析了公共图书馆促进社会和谐与包容使命出现的历史背景,讨论了它之所以被视为合理的公共图书馆使命的原因,综述了与这一使命相关的图书馆学理论以及英美等国公共图书馆为实现这一使命而采取的策略。

关键词：社会和谐与包容,公共图书馆作为场所,弱势群体服务

Abstract：Based on related literature, this paper examines the social and historical backgrounds in which promoting social inclusion emerged as a legitimate and highly espoused mission of public libraries. It explains why this seemingly unorthodox mission (unorthodox in that it is not obviously related to knowledge or information) is regarded legitimate by society at large and the library sector in particular. It also reviews groups of LIS theories which may lend insights for the understanding and realization of this mission.

Keywords：social cohesion and inclusion, public library as place, public library services to the disadvantaged

1　引言

公共图书馆的社会和谐与包容使命是指公共图书馆承担的以下责任：(1)利用公共图书馆空间资源及相关服务,为社区提供安全、温馨、中立、面向所有人的空间,促进社区成员之间的交流和对社区事务的参与,帮助社区居民建立共同的社区身份意识和归属感；(2)利用图书馆的文献资源及相关服务,帮助弱势群体提高参与社会生活的能力,减少社会排斥。

从历史的角度看,公共图书馆很早就因其平等服务而具有社会和谐与包容效果,但将社会和谐与包容明确表述为公共图书馆的使命,始于上世纪 90 年代末。"效果"不同于"使命"之处在于,前者是公共图书馆在完成其他使命(如教育使命、文化传播使命、信息保障使命)的过程中客观形成的结果,而后者则是公共图书馆主观追求

于良芝,南开大学商学院信息资源管理系,教授。Email: lzhyu@ nankai. edu. cn

李晓新,南开大学商学院信息资源管理系,教授。

* 本文为教育部人文社会科学研究项目"社会资本理论视角下公共图书馆的社会和谐使命研究:合理性、发生机制与资源诉求"的阶段性成果(项目编号:10YJA870010)。

的目标,并与公共图书馆的其他目标一起统领图书馆的资源配置、服务设计、绩效评估。20 世纪 70 年代的社区图书馆运动虽然明确表达了扶持弱势群体的责任意识,却未能推动主流公共图书馆担起社会和谐与包容的使命。正如英国学者布莱克等人的研究显示的,社区图书馆运动是一个依存于机构化实践的职业所发起的"去机构化"运动——它试图以"走出去"的方式主动服务弱势人群[1];这一内在矛盾性决定,它始终是公共图书馆的边缘性活动,无法动员主流公共图书馆将运动的目标常规化为自己的使命[2]。

公共图书馆明确将社会和谐与包容表述为自己的使命,始于上世纪末的英国公共图书馆界(确切地说,始于新工党政府)。1997 年上台的英国工党政府将社会包容(social inclusion)确定为核心执政目标,而且从一开始就把公共图书馆视为社会和谐与包容的中坚力量。为了充分发挥公共图书馆在这方面的作用,工党政府委托专业团体一边调研公共图书馆担当此任的现状,一边着手制定相关政策。研究表明,很少有图书馆在制定政策和设计服务时将促进社会和谐与包容纳入考量,这说明很少有图书馆将其理解为独立的公共图书馆使命。1999 年,工党政府的文化传媒与体育部出台了《所有人的图书馆:公共图书馆中的社会包容》,要求公共图书馆在服务设计中优先考虑社会包容责任(Social inclusion should be mainstreamed as a policy priority within all library and information services)[3];2003 年文化传媒与体育部的《未来框架——新十年的图书馆、学习和信息》把社会包容确定为未来十年英国公共图书馆的核心使命之一[4]。这一切都促使英国公共图书馆从使命(而不仅仅是客观效果)的角度,重新考虑公共图书馆在社会和谐中的作用。在其他国家,也有很多学者和馆员呼吁公共图书馆在更大程度上关注自己作为公民空间(civic spaces)的作用[5,6]。美国公共图书馆协会 1998、2001 和 2008 年出版的公共图书馆规划指南都包含了与此相关的内容[7,8,9]。

政府和公共图书馆界就后者的社会和谐与包容使命达成默契,有其特定的历史背景。对政府而言,自 20 世纪 70 年代至 90 年代,西方社会中离婚、失业、青少年犯罪、贩毒吸毒等问题日益突出,社会排斥成为制约经济社会发展的重要因素。同时,二战以来左派政党用来动员民众的政治目标——社会平等——在市场经济高度发达、社会主义阵营瓦解、人民生活得到福利国家的基本保障、社会结构转型等新形势下,失去了往日的动员力量;消除社会排斥,增强社会和谐与包容逐渐成为左派政党的新政治目标和全民动员旗帜。在左派政党执政的国家,它也随之成为新的执政目标。一切能够服务于这一目标的力量也因此被赋予某种战略地位。对图书馆职业而言,将社会和谐与包容纳入主流责任的要求,恰逢公共图书馆职业面临新技术的挑战而不得不反思自身使命之时。现代信息技术的发展在很大程度上改变了人们的信息获取和阅读方式,以至于不少人开始质疑公共图书馆是否有必要继续存在。面对质疑,图书馆职业不得不重新思考公共图书馆的使命。正是在这样的反思中,图书馆职业重新发现了社会和谐与包容使命。

这样的背景难免给我们留下很多疑问:对于一个保障信息查询与获取的机构而言,社会和谐与包容使命是否具有足够的正当性与合理性? 它是否与这一机构的其他使命相兼容? 意欲将社会和谐与包容确定为自身使命的图书馆应该如何设计相关的政策与服务,以保证这一使命的实现? 本文的目的就是根据国内外公共图书馆的相关文献,阐释"促进社会和谐与包容的公共图书馆使命"的正当性、理论基础及具体策略,为国内公共图书馆选择、宣传、实施这一使命,提供参考。

2　公共图书馆促进社会和谐与包容使命的合理性基础

如前所述,至少从一定意义上说,是 20 世纪 90 年代西方国家建设包容社会的政治目标帮助唤醒了公共图书馆促进社会和谐与包容的使命,正如 60 年代美国的民权运动帮助提升了美国公共图书馆的多元文化使命一样。这就是说,公共图书馆的社会和谐与包容使命在很大程度上源于西方政府执政目标的推动。但从政府及图书馆界对这一使命的阐释来看,公共图书馆对它的担当并非专业团体对政治的盲从,也并非职业机会主义的产物,而是具有显著的合理性基础。

公共图书馆促进社会和谐与包容使命的合理性,主要建立在以下自明假定或研究发现之上:(1)公共图书馆从本质上说是其所在社区的资产,应按社区意愿产生价值;(2)公共图书馆的多种资源都蕴含了巨大的促进社会和谐与包容的潜力,图书馆假以适当策略,就可以更好地开发这一价值,促进社区发展。

　　首先,公共图书馆是社区成员通过地方税收建设和支持的社区资产。当代公共图书馆的资产价值至少来自以下方面:(1)以文献形式存在的知识与信息资源;(2)以电脑、互联网等设施形式存在的技术资源;(3)以馆员的专业知识与技能形式存在的智力资源;(4)以阅览室、会议厅(室)、教室(培训室)和其他公共活动场所等形式存在的空间资源。知识信息资源是公共图书馆根据社区需要,系统收集的各种知识与信息记录,是支持社区教育、文化、信息和扫盲活动的基础资源。技术资源是公共图书馆根据信息技术的发展为社区成员配备的现代信息获取手段,它同时也是社区成员获得数字技能的重要途径。空间资源是社区成员开展各类活动(包括与知识信息及技术资源无关的活动)的场所,它与社区中的其他公共场所(公园、广场、博物馆等)共同构成社区的象征,并满足社区对空间的不同需要,履行不同的功能:如果说公园是社区的休闲游乐场所,博物馆是社区的珍藏馆,图书馆则是社区的大书房,它可以产生其他空间无法产生的价值。图书馆的智力资源是蕴含在专业馆员知识结构和经验中的智慧,它通过开发其他资源的价值或直接的问题解答,构成社区重要的智力资源。

　　从图书馆专业人员的角度看,上述各类资源的价值或许是相互依存,不可分割的,但从社区成员的角度看,不同资源经常可以被独立使用。社区成员有时相对独立地使用图书馆的知识与信息资源(如外借的实体文献和远程获取的数字化文献),有时独立地使用图书馆的空间资源(如召开会议或静坐思考),有时独立地使用图书馆的智力资源(如通过电话或互联网提出咨询)。这就如同个人使用自己的书房不一定非要使用那里的藏书一样。这也意味着,图书馆在考虑自身的使命时,可以相对独立地考虑各类资源对社区的价值,不要求它们的"捆绑利用"(例如不要求图书馆的所有空间都只用于阅读和学习)。而一旦公共图书馆开始这样做,它的某些资源,特别是空间资源,就有机会产生前所未有的社会和谐与包容价值。

　　其次,公共图书馆的各类资源,都可以以不同方式促进社区的和谐与包容,从而促进社区发展。公共图书馆通过收集不同观点、不同文化的信息,可以保证社区成员有机会见识和接触多种思维方式、观点、传统及规范,引导社区成员宽容差异,包容异己,逐渐形成开放、开明的社区文化。公共图书馆通过给予弱势群体特殊关注,可以大大改善他们对相关知识和信息的获取,从而改善他们享受社会资源、参与社会活动、参加民主过程的能力,缩小他们与其他社会阶层在社会参与度上的差距。公共图书馆还可以利用其空间资源支持社区的交流和共享活动,打造社区的聚会场所(meeting place),支持民主参与。

如前所述,在公共图书馆发展史上,上述价值基本是在公共图书馆完成其他使命的过程中,不自觉地实现的。英国有关这一使命实现状况的研究显示,由于缺乏专门针对社会和谐与包容使命的合适政策和实现路径,英国公共图书馆在客观上取得的社会和谐与包容效果十分有限和保守:大多数公共图书馆满足于向所有人开放,而对于究竟谁走进并利用了图书馆,却不关注[10]。维根德(Wiegand)也认为,公共图书馆员习惯于从知识与信息资源的角度认识本机构的价值,很少同时从空间资源的角度认识其价值[11]。这些研究表明,长期以来,公共图书馆资源(特别是空间资源)所蕴含的社会和谐与包容价值并未得到充分开发。要改变现状,就需要把社会和谐与包容纳入公共图书馆的主流目标或使命,并为之设计合适的保障政策和实现策略。

3 探索社会和谐与包容使命实现方式的理论基础

如前所述,"使命"不同于客观效果之处在于它的战略性。使命一旦确立,就要求图书馆为之选择有效的实现方式。因此,特定图书馆一旦在发展规划、宣传材料、工作报告等文件中将社会和谐与包容陈述为自己的使命,就必须为它系统地设计有效的实现方式。图书馆情报学及相关学科的很多理论都可以为这一设计过程提供依据或观照。特别值得关注的理论包括社会排斥与信息贫困关系的理论、弱势阶层信息行为理论、公共图书馆作为公共场所的理论以及公共图书馆与社会资本关系的理论。

3.1 社会排斥与信息贫困关系的理论

促进社会和谐与包容的过程同时也是消除社会排斥的过程。因此,公共图书馆在探索社会和谐与包容使命的实现方式时,首先可以从社会排斥理论及其在图书馆情报学中的应用汲取解释力、洞察力和预见力。

社会排斥的概念起源于 20 世纪 70 年代的法国。1974 年,法国社会行动国务秘书(Secretary of State for Social Action)勒努瓦(Lenoir)首次使用社会排斥概念描述法国社会存在的边缘人群——精神病患者、身体残疾者、有自杀倾向者、老年病人、受虐待的儿童、吸食毒品者、单身父母、多问题家庭、边缘人、反社会者和社会不适应者——被社会保障体系排斥在外的状态,以及这种状态对一个团结的、融合的法国社会的威胁[12]。20 世纪 80—90 年代,这一概念也开始影响欧洲其他国家的政策及学术研究。90 年代末,当英国政府将消除社会排斥确立为核心执政目标时,它对社会排斥作出了以下界定:当社会成员或区域遭受失业、技能匮乏、收入低下、住房简陋、犯罪频发、病弱和家庭破裂等多重问题的综合困扰时,所经历的状态[13]。

图书馆情报学及相关学科的很多研究都发现,社会排斥与信息贫困密切相关:遭受社会排斥的个人比一般人更可能处于信息劣势。首先,遭受社会排斥的人群更少利用图书馆等信息机构。很多研究都发现,虽然公共图书馆的大门向所有人敞开,但实际利用公共图书馆服务的用户分布与总人口的分布状况并不吻合。在美国,白人和亚洲裔比非洲裔和西班牙裔更有可能利用公共图书馆[14]。在英国,中产阶级比下层的工人阶级更有可能利用公共图书馆[15]。由此判断,因教育水平、收入、种族等因素而遭遇社会排斥的人群,利用图书馆的可能性小于一般人群。贾珀森(Japzon)和龚(Gong)[16]在美国的研究进一步发现,在种族及阶层显著隔离(缺少交往、分街而居)的社区,图书馆利用率明显低于其他社区。其次,遭受社会排斥的人群更有可能成为信息技术的落伍者。莫斯伯杰(Mossberger)及其同事[17,18]在考察种族与信息鸿沟的关联时发现,黑人在信息技术的采用上落后于其他种族的事实,并不是由于种族本身造成的,而是由种族隔离以及黑人聚居区内的贫困造成的,因为黑人聚居区无力提供良好的图书馆、学校等服务,从而导致他们无法经常使用网络,因而不能获得足够的数字技能。再次,遭受社会排斥的人在更大程度上依赖人际关系(特别是家人、亲戚等强连带型人际关系)获取信息[19,20];他们也更有可能表现出小世界的信息行为特征:怀疑甚至拒斥来自主流社会的信息[21]。

对于探索社会和谐与包容使命的有效实现方式的图书馆而言,有关社会排斥与信息贫困关系的理论显示,信息贫困的发生往往与更大范围的社会排斥相关;不仅如此,经历社会排斥的人群往往会产生某些加剧信息贫困的信息行为方式,例如排斥外来信息、疏离主流信息服务设施(最典型的就是公共图书馆)等。因此,图书馆若要寻求社会和谐与包容使命的实现方式,仅仅满足于保证图书馆的免费开放以及信息技术的免费提供,还远

049

远不够。正因为如此,英国"向所有人开放?"课题组指出:

　　尽管我们相信,公共图书馆具有在反社会排斥的努力中扮演关键角色的巨大潜力,但我们的结论是:图书馆若要真正改变社会排斥的现实,不仅需要现代化技术基础,而且需要转变其根本目的、政策和工作重点。我们相信,保证人人可以获取被动的图书馆服务不会对社会排斥产生实质性影响。要产生这样的影响,公共图书馆需要让自己成为这样的公共机构:更积极主动地参与[消除社会排斥],始终把平等、教育及社会公正作为核心理念[22]。

3.2　社会弱势人群信息行为规律

　　如上所述,当存在社会排斥时,公共图书馆若要承担促进社会和谐与包容的使命,就需要超越"向所有免费开放"的策略,采取更积极的干预措施,将资源和服务向弱势人群倾斜,助力他们对社会生活和民主过程的参与。这包括:动员弱势人群参与图书馆资源体系与服务设计;为其提供切实有用的知识、信息及相关服务;吸引他们在更大程度上利用各类图书馆服务。这意味着,公共图书馆必须理解弱势人群的信息行为,并以他们的信息行为规律为依据,设计与其需要相适应的资源体系和相关服务。

　　图书馆情报学的很多研究都试图揭示弱势人群的信息行为规律。这些研究大都显示,社会弱势人群与主流人群的信息行为存在显著差异。首先,位于社会结构下层的人群关注的焦点或内容经常有别于主流人群,他们往往更关注与自身生活问题相关的信息[23]。例如英国一项有关公民信息需求和获取方式的研究发现,被调研的5个阶层中的前两个(专业技术人员和管理人员)更关心国家政治、地方政府问题、欧盟问题、技术与环境问题,而后3个阶层(技能型体力或非体力劳动者、半技能型体力劳动者、非技能型体力劳动者)更关注与教育相关的信息[24]。其次,弱势人群获取信息的渠道也明显有别于主流人群。很多研究都发现,他们在更大程度上依赖非正式的人际关系,较少依赖正式的交流渠道;在更大程度上依赖电视,较少依赖报纸等文字媒介。例如,斯宾克和科尔(Spink & Cole)对美国一个非洲裔社区的调研显示,社区成员只有在面临就业和教育问题时,会考虑利用正式交流渠道获取信息,其他生活方面需要的信息基本来自家庭成员和社区内的其他人员[25]。再次,由于社会规范、社会角色类型、世界观的影响,生活相对封闭的人群(小世界人群)往往难以从外来信息中抽取意义,因而通常认定外来信息无关,导致他们与外部世界信息交流的阻隔[26]。

早在20世纪70年代,以美国图书馆学者兹维基格和交流学者德尔文为代表的研究者,就依据建构主义的认识论阐释了信息和信息利用过程的建构性,并据此指出:用户的信息需求以及信息资源相对于需求的价值,都随情境而变化;图书馆服务若要对用户需求产生价值,就必须了解需求产生的情境、用户在特定情境下的行为、他们对信息的选择和利用倾向、信息之所以能对特定需求产生价值的原因等;也就是说,用户及其需求应该成为图书馆服务及信息系统设计的主导因素。在那之后,虽然兹维基格和德尔文所依据的建构主义认识论基础经常饱受争议,但他们倡导的"以对用户的理解观照服务及系统设计"的用户中心理念却被图书馆职业广泛认同[27]。公共图书馆若要通过向弱势人群适当倾斜来实现其社会和谐与包容使命,无疑需要来自弱势人群信息行为规律的观照。

3.3　公共图书馆作为公共场所的理论

很多社会学研究都发现,社区的健康发展离不开公共场所的支持。近年来,对公共图书馆产生较大影响的公共场所概念首先是奥登伯格(Oldenburge)的"第三场所"(the third place)概念。第三场所指家和工作场所以外的活动空间,是非正式的公共生活得以展开的地方,包括:咖啡屋、咖啡店、书店、酒吧、发廊以及其他可以闲逛的场所。第三场所具有若干特征,例如:中立(无主无客)、平等(人人可入)、可达、以聊天对话作为主要活动内容、有一批常客、外表平常、气氛轻松并富于游戏感[28]。奥登伯格认为,第三场所为人们提供了暂时逃避家庭生活和工作压力的空间,在这里,人们相对平等,来去自由,不带伪装,彼此相伴,释放压力,并在这个过程中产生共享经历和归属感。因此,第三场所无论对个人还是社区而言,都必不可少。自第三场所的概念提出以来,很多图书馆情报学学者都认为,尽管公共图书馆不具备奥登伯格列举的所有第三场所特征(或许正因为如此,奥登伯格本人并没有将公共图书馆视为典型的第三场所),却具备第三场所的所有主要功能。除了第三场所概念,关于场所的其他社会学研究,例如洛夫兰德(Lyn Lofland)的公共领域(public realm)概念[29]、克雷斯维尔(Cresswell)的场所理论[30]等,都对图书馆情报学理解图书馆的空间价值产生了重要影响。

051

随着公共图书馆作为公共场所的价值被逐渐认同,近年来出现了很多有关公共图书馆空间属性的研究。北欧学者 Audunson 和 Värheim 等人借鉴社会学中的场所概念提出了低密集(low-intensive)和高密集(high-intensive)聚会场所的概念[31,32]。高密集聚会场所指共享文化、价值观、信仰或政治立场的人群的聚会场所;低密集聚会场所指文化、价值观、信仰或政治立场不同的人群的聚会场。前者支持同质性高的人群为制定共同的目标和行动达成共识,后者则支持人们见识"异己"(otherness),培育多元文化视野和理解力。Audunson 等认为,公共图书馆作为场所的独特价值是为社会提供低密集聚会场所。Aabø 等通过实证研究,归纳了公共图书馆的六类空间功能。他们发现,当人们把图书馆作为公共场所加以利用时,存在六种不同的利用方式,即赋予图书馆六种不同的空间功能,这包括:图书馆作为广场(the library as a "square")、图书馆作为会见不同背景人群的场所(as a place for meeting diverse people)、作为公共空间(as a public sphere)、作为与朋友同事开展共享活动的场所(as a place for joint activities with friends and colleagues)、作为元聚集空间,即了解社区内其他机构的空间(as a meta-meeting place)、作为虚拟会议空间(as a place for virtual meetings)。该研究同时还考察了影响人们利用图书馆空间资源的因素,结果显示,社区成员对社区事务的参与度(Community involvement)比其人口学特征和所在乡镇的特征在更大程度上影响他们对图书馆空间资源的利用;低收入和低教育水平的人更有可能把图书馆作为空间加以利用[33]。

当我们从场所的角度解读公共图书馆的社会学意义时,其信息保障功能之外的其他功能就得到凸显,例如支持社会成员的交流交往、促进不同种族与阶层的融汇融合、辅助不同政治立场的辩论对话等。而这些功能都可以促进社会和谐与包容。因此,公共图书馆作为公共场所的理论可以帮助公共图书馆从社会和谐与包容的角度重新审视现有政策、服务及资源配置,并引导图书馆管理者在管理过程中考虑与空间相关的具体问题:如何宣传图书馆的空间价值以吸引非用户利用图书馆,如何布局和设计图书馆空间以满足不同的空间需要等。

3.4　公共图书馆与社会资本关系的理论

根据社会资本理论,社会资本是通过社会交往积累的、可以给个人、组织或社区/社会带来收益的人际关系、信任、纽带等无形资源。在研究社会资本的学者当中,有些更关注使个人受益的社会交往资源,有些更关注使社区/社会受益的社会交往资源。因此,社会学中事实上存在两种版本的社会资本理论:一种研究个人社会资本的生成机制和作用原理,以布迪厄、林南等的理论为代表;另一种解释社区/社会层面社会资本的生成机制和作用原理,以普特南的理论为代表。

研究个人资本的理论认为,个人社会资本的多寡取决于他的社会关系网络及其特征。如果一个人拥有较大规模的社会网络,且其中包括了家人、亲戚之外的关系(社会网络研究称之为弱连带),这样的人就具有较丰富的社会资本。如果其弱连带中还包括了处于较高社会地位的人,或跨越不同的交往圈子,其社会资本就会进一步增加。

研究社区或社会层面社会资本的理论认为,社会资本的多寡取决于社区成员的交往模式和互信程度:如果在一个社区或社会中,不同阶层、种族、宗教的人能够彼此尊重,相互交往,人与人之间拥有较高的互信度,该社区或社会就具有较丰富的社会资本。这种理论认为,社会资本对社区/社会来说,是一种非常重要的无形资源。社会资本的流失常常伴随着高犯罪率、高自杀率、高辍学率、高青少年怀孕率、毒品等社会问题的出现。

很多研究都发现[34,35,36,37,38],公共图书馆对社区社会资本的增长具有显著的促进作用。例如,约翰逊(Johnson)的研究发现,公共图书馆用户与随机抽样的一般人口(包括公共图书馆用户和非用户)相比,前者对社区的参与度和信任度显著高于后者。这些研究还发现,公共图书馆可以通过多种方式作用于社区的社会资本,这包括:(1)为社区内的民间组织提供聚会场所、宣传品陈列、公告板等,扩大其在社会成员中的知名度和吸引力,由此鼓励更多的社区成员参加不同的民间组织。(2)宣传政府部门和其他公共组织的服务,辅助社区成员利用这些服务。相关研究发现,随着政府和公共组织越来越多地通过互联网提供服务,他们也越来越依赖公共图书馆为社区成员提供诸如注册、在线申请、填写表格等帮助[39]。还有研究发现,与直接访问政府部门和其他公共机构相比,公众更倾向于在图书馆使用各类组织的网上服务,也更倾向于请求图书馆员的帮助。这些研究认为,导致公众更青睐图书馆的原因在于,访问图书馆通常被认为是一种积极行为,而直接访问政府部门或其他公共机构则往往与“接受救济”等负面行为相连[40]。(3)为社区提供公共场所。公共图书馆的这一功能在“公共图书馆作为公共场所"的理论中已经得到阐释,社会资本研究进一步发现,与其他社区成员在图书馆相聚并交往,参加图书馆组织的活动,与朋友、家庭成员在图书馆共度时光,这一切都可能增加社区的社会资本[41]。(4)提供普遍服务。公共图书馆提供的普遍均等服务一方面表现了政府致力于公共服务的努力(提升了人们对政府的信任),另一方面培育了社区成员之间的平等意识,而这两种结果都可能增强社区的社会资本[42]。(5)通过为儿童和家庭提供服务,增强家庭作为社会资本培育场所的能力。

除此之外,公共图书馆的很多具体服务都可以对社区的社会资本做出贡献。普特南以美国芝加哥图书馆社区分馆为例指出:"[图书馆开展]图书讨论会、阅读活动、培训课程、作业辅导,人们在图书馆相遇两次、五次或十二次之后开始彼此点头问好,图书馆员对用户以名相称,图书馆举办源自社区才华和兴趣的艺术品展览,所有这一切都有助于发展把社区成员凝聚在一起的联系。"[43]

如前所述,社区社会资本的增加,有助于预防和解决社区在发展过程中出现的各类社会问题。尽管个人社会资本研究者经常批评社区社会资本理论在社会资本与社区状况之间循环界定因果关系,但可以肯定的是,依据公共图书馆作用于社会资本的一般方式,特定图书馆可以根据其所在社区的社会资本状况重新设计自己的服务,以便在更大程度上促进社区社会资本的增长。

4　促进社会和谐与包容的具体策略

自 20 世纪 90 年代末以来,随着社会和谐与包容成为公共图书馆的明确使命,其实现策略和操作经验也开始受到广泛关注。英国学者哈里斯(Harris)建议图书馆考虑三大行动领域:(1)参与全国或地区性的和谐社区建设活动;(2)围绕建设和谐社区的目标设计和提供服务;(3)与社区居民和团体合作,帮助发展社区内的自助网络和交流网络[44]。在图书馆服务设计与提供方面(即哈里斯所建议的第二行动领域),现有相关文献介绍的策略大致可以分为两类:一类是助力弱势群体的策略;另一类是打造社区公共场所的策略。

助力弱势群体的策略就是根据弱势群体的特殊需要,设计针对性的服务,主动向目标人群宣传和提供这些服务,并吸引他们利用图书馆的其他服务,以增强弱势群体参与经济生活、社会生活和民主生活的能力,缩小他们与其他社会阶层在参与机会和能力上的差距。这是一种将资源和服务向弱势人群适当倾斜的策略。1999 年英国出台的"面向所有人的公共图书馆"政策指南推荐的策略大都属于此类。它建议英国公共图书馆采用以下社会包容策略:(1)确认遭受社会排斥的人群以及他们的地理分布,与他们一起厘清其需求;(2)评估现有的实践;(3)制定策略,明确重点;(4)设计服务,培训馆员以提供服务;(5)实施服务,宣传服务;(6)评估服务效果,进一步改进服务。

该指南同时指出,遭遇社会排斥的人群在利用图书馆时往往遭遇若干方面的障碍,这包括机构障碍(即来自图书馆本身的障碍)、个人和社会障碍、感知障碍、环境障碍等。其中图书馆本身形成的机构障碍经常出现在以下方面:(1)开放时间不合适或过短,服务过于单一;(2)员工态度和行为不当;(3)规章制度存在问题;(4)有偿服务的收费标准不利于低收入人群;(5)馆藏建设政策不反映社区的需要或馆藏文献格式不能满足需要(例如缺少大字版图书);(6)标识不清,增加了人们在图书馆中确认方位和路线的难度;(7)社区成员对图书馆缺乏归属感和参与意识;(8)地方政府提供的相关公共服务布局分散,缺乏整合;(9)面向残疾人群的服务和设施不足。在设计相应策略履行图书馆的社会和谐与包容使命时,来自机构本身的障碍无疑应该首先消除[45]。

2000 年完成的"向所有人开放?"研究课题也建议英国公共图书馆把面向被排斥人群提供服务作为公共图书馆的工作重点,制定相应的服务标准并对标准实施情况进行监督;在资源配置和信息技术提供方面优先考虑被排斥的人群和社区的需要;在员工政策方面避免排斥、歧视和偏见[46]。

面向弱势群体的服务项目很多,比较典型的包括提供培训(在英美等国,经常性的培训项目包括面向移民的英语培训,现代信息技术培训、公民知识培训等)、多元文化服务(如提供不同语种的文献、组织民族工艺品制作和展览等)、就业信息及相关服务、政府信息及电子政务服务等。

打造社区公共场所的策略是图书馆根据社区成员的需要,合理设计、有效管理和平等开放图书馆的空间资源,吸引人们到图书馆从事学习、文化和信息活动,或从事与信息获取无关的交往活动,如约见朋友、开展交流、讨论问题、召开会议。2004 年开放的美国西雅图图书馆新馆被认为是

055

着力打造社区公共场所的典型案例[47]。它将凝聚社区成员的理念融进了图书馆的建筑设计,并在馆内设置了会议室、团队工作间、咖啡厅、前厅等空间,其中三楼的空间甚至被命名为"起居室"。此外,图书馆在颜色、灯光和家具的选用上也都体现了打造社区公共场所的意图。

5　结语

20世纪90年代末以来,随着互联网的迅速普及、互联网上可获得信息的快速增长、Google等搜索引擎的广泛使用、各种移动阅读设施的出现,不少人开始怀疑公共图书馆继续存在的价值。虽然过去20年间的很多大型调研,如英国前国家遗产部委托ASLIB实施的英格兰和威尔士地区公共图书馆调研[48]、美国本顿基金会完成的数字化时代公共图书馆展望研究[49]、美国Public Agenda实施的21世纪公众和领导者对公共图书馆的态度调研[50]、美国博物馆与图书馆服务署及盖茨基金会关于公共图书馆开展互联网服务、消除数字鸿沟的调研[51],全都毋庸置疑地肯定了公共图书馆继续存在的合理性,但面对现代信息技术的发展以及信息获取行为的改变,公共图书馆不能不重新思考其使命构成及优先次序。社会和谐与包容使命被认为是公共图书馆值得作为的新领域。这段时间出现的社会排斥与信息贫困关系的理论、公共图书馆作为公共场所的理论、公共图书馆与社会资本关系的理论,也在很大程度上为其合理性及实现方式提供了理论依据。最早提出社会和谐与包容使命的英美图书馆界还积累了丰富的实践经验。目前尚不能确知的是,这一使命将如何影响其他使命(例如向弱势人群倾斜将如何影响面向其他人的服务,公共图书馆作为公共场所的功能如何影响它作为知识与信息资源的功能)。这是未来研究需要关注的问题。

参考文献

1　Alistair Black, David Muddiman. Understanding Community Librarianship : the Public Library in Post-modern Britain. Aldershot, Hants. , England：Avebury, 1997

2,10,22,46　Muddiman D. et al. Open to All? Volume 1：Overview and Conclusion. Library and Information Commission Research Report 84. Resource：The Council for Museums, Archives and Libraries, 2000

3,45　Department of Culture, Media and Sports. Libraries for All：Social Inclusion in Public

Libraries. London：Department of Culture，Media and Sports. London：DCMS，1999

4　Department of Culture，Media and Sports. Framework for the Future：Libraries，Learning and Information in the Next Decade. London：DCMS，2003

5　R. B. McCabe. Civic Librarianship：Renewing the Social Mission of the Public library. Lanham MD：Scarecrow Press，2001

6　J. C. Durrance，K. Pettigrew，M. Jordan，K. Scheuerer. Libraries and Civil Society. In N. Kranich（Ed.），Libraries and Democracy：the Cornerstones of Liberty. Chicago：American Library Association，2001

7　E. Himmell，W. J. Wilson. Planning for Results：A Public Library Transformation Process. Chicago，IL：American Library Association，1998

8　S. Nelson. The New Planning for Results：A Streamlined Approach. Chicago，IL：American Library Association，2001

9　S. Nelson. Strategic Planning for Results. Chicago，IL：American Library Association，2008

11　Wayne A. Wiegand. Library as Place. North Carolina Libraries，2005，63（3）

12　Lenoir. Cited in Silver Hilary. Social Exclusion and Social Solidarity：Three Paradigms. International Labour Review，1994，133（5/6）

13　Nadia Caidi，Danielle Allard. Social Inclusion of Newcomers to Canada：An Information Problem. Library & Information Science Research，2005，27（3）

14，16　Andrea C. Japzon，Hongmian Gong. A Neighborhood Analysis of Public Library Use in New York City. Library Quarterly，2005，75（4）

15　Alistair Black. The Public Library in Britain 1914—2000. London：the British Library，2000

17　Mossberger K.，C. J. Tolbert，M. Gilbert. Race，Place and Information Technology. Urban Affairs Review，2006，41（5）

18　Mossberger K.，David Kaplan，Michele A. Gilbert. How Concentrated Poverty Matters for the "Digital Divide"：Motivation，Social Networks，and Resources. Paper presented at the 2006 Annual Meeting of the American Political Science Association，August 30—September 3，2006. http：//tigger. uic. edu/orgs/stresearch/Documents/APSAneorc06. pdf

19　B. S. Greenberg，B. Dervin. Mass Communication Among the Urban Poor. The Public Opinion Quarterly，1970，34（2）

20，25　A. Spink，C. Cole. Information and Poverty：Information-seeking Channels Used by African American Low-income Households. Library and Information Science Research，2001，23（1）

21，26　E. A. Chatman. The Impoverished Life-World of Outsiders. Journal of the American

Society for Information Science,1996,47(3)

23　E. A. Chatman. Life in a Small World: Applicability of Gratification Theory to Information-seeking Behaviour. Journal of the American Society for Information Science, 1991,42(6)

24　Marcella Rita, Baxter Graeme. The Impact of Social Class and Status on Citizenship Information Need: the Results of Two National Surveys of the Population of the United Kingdom. Journal of Information Science,2000,26(4)

27　Dalrymple Prudence W. A Quarter Century of User-centered Study: The Impact of Zweizig and Dervin on LIS Research. Library & Information Science Research,2001,23(2)

28　Oldenburg R. The Great Good Place: Cafés,Coffee Shops,Bookstores,Bars,Hair Salons and Other Hangouts at the Heart of a Community. New York: Marlowe,1999

29　Cited in Wiegand Wayne A. Library as Place. North Carolina Libraries,2005,63(3)

30,36,47　Fisher K. E.,Saxton M. L.,Edwards P. M.,Mai J. E. Seattle Public Library as Place: Reconceptualizing Space,Community,and Information at the Central Library. In J. Buschman,G. J. Leckie (Eds.). The Library as Place: History,Community,and Culture. Westport,CT: Libraries Unlimited,2007

31　Audunson R. A. The Public Library as a Meeting-place in a Multicultural and Digital context: The Necessity of Low-intensive Meeting-places. Journal of Documentation,2005, 61(3)

32　Audunson R. A.,Vårheim A.,Aabø S., Holm E. D. Public Libraries,Social Capital, and Low Intensive Meeting Places. Information Research, 2007, 12 (4). http://informationr. net/ir/12-4/colis/colis20. html

33　Aabø Svanhild,Audunson Ragnar,Vørheim Andreas. How Do Public Libraries Function as Meeting Places? Library & Information Science Research,2010,32 (1)

34　Bryson J.,Usherwood B.,Proctor R. Libraries must also be Buildings?. http://www. shef. ac. uk/content/1/c6/07/01/24/CPLIS% 20-% 20New% 20Library% 20Impact% 20Study. pdf

35　Putnam R. D.,et al. Better Together: Restoring the American Community. New York, Simon & Schuster,2003

37　Cox Swinbourne, Pip Laing. cited in Vårheim Andreas. Social Capital and Public Libraries: The Need for Research. Library & Information Science Research,2007,29(3)

38,41　Johnson Catherine A. Do Public Libraries Contribute to Social Capital? A Preliminary investigation into the Relationship. Library & Information Science Research,2010,32(2)

39　Gibson Amelia, McClure Charles R., Bertot John Carlo, McGilvray Jessica, Andrade Jordon. Community Leadership through Public Library E-Government Services. Florida Libraries,2008（Spring）

40　Alstad Curry. Cited in Johnson Catherine A. Do Public Libraries Contribute to Social Capital? A Preliminary Investigation into the Relationship. Library & Information Science Research,2010,32(2)

42　Cox et al. cited in Johnson Catherine A. Do Public Libraries Contribute to Social Capital? A Preliminary Investigation into the Relationship. Library & Information Science Research,2010,32(2)

43　Putnam R. D., et al. Better Together: Restoring the American Community. New York, Simon & Schuster,2003

44　Harris Kevin, Dudley Martin. Public Libraries and Community Cohesion: Developing Indicators. London: Museums, Libraries and Archives Counci. http://www. local-level. org. uk/uploads/PublicLibrariesCommunityCohesion. pdf

48　Aslib. Review of the Public Library Service in England and Wales for the Department of National Heritage: Final Report. London: Aslib,1995

49　Benton Foundation. Buildings, Books, and Bytes: Libraries and Communities in the Digital Age. Library Trends,1997,46(1)

50　Public Agenda Foundation. Long overdue: A Fresh Look at Public and Leadership Attitudes about Libraries in the 21st Century. 2006. http://www. eric. ed. gov/ERICWebPortal/contentdelivery/servlet/ERICServlet? accno = ED493642

51　Becker Samantha, Crandall Michael D., Fisher Karen E. et al. Opportunity for All: How the American Public Benefits from Internet Access at U. S. Libraries. (IMLS-2010-RES-01). Institute of Museum and Library Services. Washington D. C. ,2010

解读公共图书馆的社会和谐与包容使命——合理性、理论基础及实现策略

城市图书馆研究 2012年第一卷第一辑　　　　Journal of Metropolitan Library　Vol.1 No.1　2012

美国图书馆基金会在城市图书馆发展中的作用

刘兹恒　朱　荀

America Library Foundation's Roles on the Development of City Public Libraries

Liu Ziheng　　Zhu Xun

摘要：图书馆基金会在美国公共图书馆的发展中发挥了重要作用。本文在对美国公共图书馆出现的历史考察的基础上，分析了图书馆基金会在城市公共图书馆发展中的作用，并总结其发展运行的经验；最后提出中国本土图书馆基金会应借鉴美国图书馆基金会的经验，推动中国图书馆事业的发展。

关键词：城市公共图书馆，图书馆基金会，美国

Abstract：The library foundation plays an important role on the development of American public libraries. Based on the research of the history of American public libraries, the paper analyzes library foundation's role on urban public libraries and sums up their experience. At last, the paper puts forward that Chinese library foundations should learn good lessons and push the development of Chinese librarianship.

Keywords：city public library, library foundation, American

美国城市图书馆发展的一个重要特点，就是自始至终都得到了图书馆基金会的支持，可以说，基金会在美国城市图书馆的发展中发挥了不可替代的作用。本文将以美国几个著名的城市图书馆基金会——波士顿公共图书馆基金会、芝加哥公共图书馆基金会以及西雅图公共图书馆基金会为例，考察美国图书馆基金会在城市公共图书馆发展中所起的作用，并探讨其对中国本土图书馆基金会发展的借鉴。

1 基金会对城市公共图书馆发展的历史作用

1.1 助推美国公共图书馆的大量诞生

19世纪末20世纪初，随着美国经济迅速发展，出现了一大批富豪和超级富豪，社会财富也因此迅速向一端集中，贫富差距急剧扩大，社会矛盾不断激化。当时的一些社会精英意识到，知识自由与教育的完备不仅可使社会底层群体拥有自尊的权利，提升大工业劳动力的素质，而较之于法律也更能防止犯罪[1]。于是，在这种意识的推动下，以保障知识自由、进行社会教育为宗旨的城市公共图书馆开始出现。而这一时期，美国社会也出现了一批慈善家，许多慈善基金会纷纷建立，其活动范围覆盖了社会服务、医疗、教育、研究等领域。由此，基金会的捐助也自然成为推动公共图书馆建立与发展的重要因素。

刘兹恒，北京大学信息管理系，教授，博士生导师。Email：ziheng@pku.edu.cn
朱荀，北京大学信息管理系，在读博士研究生。

1848 年,美国第一个现代意义上的公共图书馆——波士顿公共图书馆成立,成为美国大城市公共图书馆兴起的标志。具体来说,波士顿公共图书馆成立所依托的基础是由私人捐赠而成立的基金。1847 年,波士顿商人昆西(Mayor Josiah Quincy)捐出 5000 美元作为图书馆经费,前提是市政府也能够配套对等的经费。次年,马萨诸塞州议会批准波士顿市政府通过征税以维持图书馆费用,从而保证了波士顿公共图书馆的诞生与正常运行。波士顿市政府这种在慈善基金基础上通过法律用公共税收支持图书馆的做法,正式拉开了美国现代公共图书馆发展的序幕。后来,著名的纽约公共图书馆也是由私人慈善基金建立的阿斯特图书馆、伦诺克斯图书馆和蒂尔登信托公司合并而成,其经费主要来源于图书馆基金会的资助。一直到现在,纽约公共图书馆的发展仍主要依赖图书馆基金会的支持。

可以看出,在美国城市图书馆建立之初,推动其产生和发展的原始动力并不是政府,而是各种慈善力量,这些慈善力量在图书馆步入正轨后建立起图书馆基金会,并与政府合作,为图书馆持续发展提供重要的支持。

1.2　促使美国现代公共图书馆制度的建立

应该说,美国公共图书馆制度的确立在很大程度上得益于钢铁大王卡内基的私人慈善捐赠。根据美国教育委员会(U. S. Board of Education)的调查,从 1852 年到 1898 年,美国仅有 637 所公共图书馆,其中大部分分布在东海岸。在这之后,卡内基在美国本土捐建了 1689 所公共图书馆,分布在不同的大城市和小城镇。到 1919 年他进行最后一笔捐赠时,全美已有了 3500 所公共图书馆,而这些图书馆中的一半都是由卡内基捐建的,直接受益的民众达 3500 万[2]。卡内基对图书馆事业的支持不仅促进了美国公共图书馆事业的大发展,而且他的捐赠规定还促使现代公共图书馆制度得以形成,那就是:政府应负责从税收中提供资金支持公共图书馆以及其他大型的公共项目。由此,以政府主导、税收支持、免费开放为主体的现代公共图书馆制度在全世界得以确立,一直延续到今天。

2　当代图书馆基金会在城市图书馆发展中的主要功能

美国公共图书馆的经费来源主要有以下几个方面:联邦政府、州政府、地方政府以及图书馆的罚款、社会捐赠等。其中社会捐赠部分主要由各个图书馆基金会进行管理。基金会是美国公共图书馆正常运行的重要支持,具体表现在以下几个方面：

2.1　补充政府财政拨款

美国各个城市图书馆基金会最重要的功能就是对图书馆各项活动的展开提供经费支持，它曾在政府功能失灵或部分失灵时发挥了重要作用。如西雅图公共图书馆基金会，就是在政府拨付经费经常短缺，公共图书馆缺乏运行资金的 1980 年成立的。当时，西雅图图书馆委员会的女性委员 Virginia Burnside 发动她所在读书会的成员向图书馆进行捐赠，用于支持、补充而不是替代图书馆的公共经费[3]。

西雅图公共图书馆基金会发展到现在已经有 30 余年的历史了，它的资金通常包括捐赠和非捐赠的资金。基金会对捐赠资金进行投资以获得保值和增值，其中增值部分被直接用于图书馆开展的项目。但需要说明的是，城市公共图书馆基金会的经费是市政府财政拨款的补充，并不取代政府投资的责任，这是各图书馆基金会所强调的，政府不会因为图书馆基金会的资金投入而削减对图书馆的财政拨款。

2.2　支持图书馆各类创新性项目

美国图书馆基金会对城市公共图书馆的主要支持是开展各类创新性项目，覆盖政府拨款所忽略的领域。如波士顿公共图书馆基金会支持图书馆的工作主要集中在通过开展青少年和家庭项目，促进中心馆和社区分馆的用户服务。基金会为那些排除在图书馆常规运行支出之外的项目提供经费支持，尤其是那些与儿童、青少年以及家庭有关的项目[4]。图 1 是西雅图公共图书馆基金会 2009 年支持的图书馆项目的分布，可以看出其主要任务是支持图书馆开展各类项目活动。

西雅图公共图书馆基金会被称为"创新动力"（innovation engine），用于支持西雅图公共图书馆的发展，帮助图书馆满足本地区民众对书籍、网络资源、各类课程、图书馆活动以及服务的需求。基金会的任务就是要使西雅图成为全美最具知识活力的城市。图书馆基金会所开展的很多创新性项目由于产生了良好的社会效果，后来被纳入政府拨款的范围，最终成为了图书馆的常规性服务。

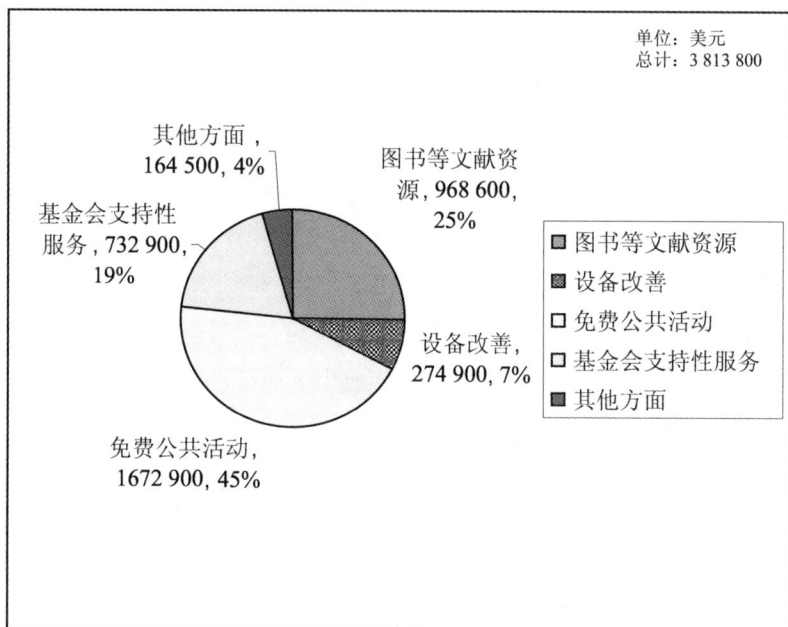

图 1　2009 年西雅图公共图书馆基金会支持图书馆项目分布

注：根据西雅图公共图书馆基金会网站提供的数据整理[5]

3　当代美国城市图书馆基金会发展运行的经验

当代美国城市公共图书馆基金会能够正常运行，并能够长期支持图书馆的发展，宏观上看是由于美国政府间接管理文化事业的策略，各图书馆都能把利用各种形式募集资金纳入图书馆的战略规划，而图书馆基金会对图书馆产生的良性效果又间接影响到政府对图书馆的财政拨款。微观上看，图书馆基金会作为美国国税局正式登记注册的非营利组织，有一套良好的运行机制、完善的内部监控系统以及外部监督机构，能够保证基金会的资金能够有效地花在支持图书馆发展上。

3.1　美国文化事业的间接管理机制

美国是典型的市场主导型国家，自由竞争的价值观是美国国家治理模式的基本出发点，认为国家对社会的干预有限，"小政府，大社会"是其独特的政治文化传统。美国政府对文化事业实行间接管理，政府没有管理文化事务的专门机构，也不直接对文化机构拨款，而是通过国家艺术基金会、国

063

家人文基金会和国家博物馆图书馆学会等社会中介组织对文化事业实施赞助。根据美国《博物馆图书馆事业法》组建的博物馆图书馆学会,则专门负责对博物馆、美术馆和图书馆的项目资助。这一机构虽属于联邦政府机构系列面向全国,但只有计划协调和财政资助职能,无行政管辖以及立法的权利,在各地方政府也无相应的对口分支机构。[6]美国这些机构对图书馆的拨款并不是全额拨付,需要地方政府以及图书馆投入一定的配套资金。因此向社会募集资金就成为了美国图书馆的一项重要任务。美国许多高校图书馆以及公共图书馆都设有资金募集办公室,而成立图书馆基金会对这些募集来的资金进行有效管理就成为了通行的做法之一。

3.2　产生良性效果,影响政府决策

在美国,图书馆基金会尤其是大城市公共图书馆基金会已有几十年的发展历史,它们早已成为图书馆事业发展不可缺少的一个因素。图书馆基金会的活动也在慢慢影响着政府对图书馆的决策。具体来说,就是图书馆基金会支持开展的一系列项目得到了社会大众的认可,产生了良性的效果,就直接或间接影响到政府对图书馆的财政拨款决策。如成立于1986年的芝加哥公共图书馆基金会,曾支持图书馆延长周末与晚上的开放时间以及引入新技术,受到社会的普遍欢迎,这些新的服务后来都被纳入政府的拨款预算中,逐渐成为图书馆的常规服务。

3.3　设立专门机构管理基金会

美国城市图书馆基金会是根据美国税法501(c)(3)条款设立的慈善组织,也是独立的非营利组织。根据美国基金会中心对全美基金会类型的划分,这类图书馆基金会属于公共慈善类基金会(Public Charity),它们的目的是向社会募集资金,支持公共图书馆的发展。图书馆基金会募集资金的对象通常有企业、其他基金会、个人等,另外在图书馆网站上也设有在线捐赠的链接,任何人随时随地都可以向图书馆基金会捐款。图2是2009年西雅图公共图书馆基金会募集资金的来源分布:

美国很多大型图书馆基金会为了保证捐赠资金的有效利用,成立了专门的财务与投资委员会,如芝加哥公共图书馆基金会、西雅图公共图书馆基金会都有这类监管基金会资金的机构。这些机构的主要目标有:为所有资金的记账、管理与投资提供财务监管;安排专业机构进行年度审计;建立内部管理控制系统;评估及审批基金会年度运行和拨款预算;监管资金的

使用以及制定所有资源的支持策略。

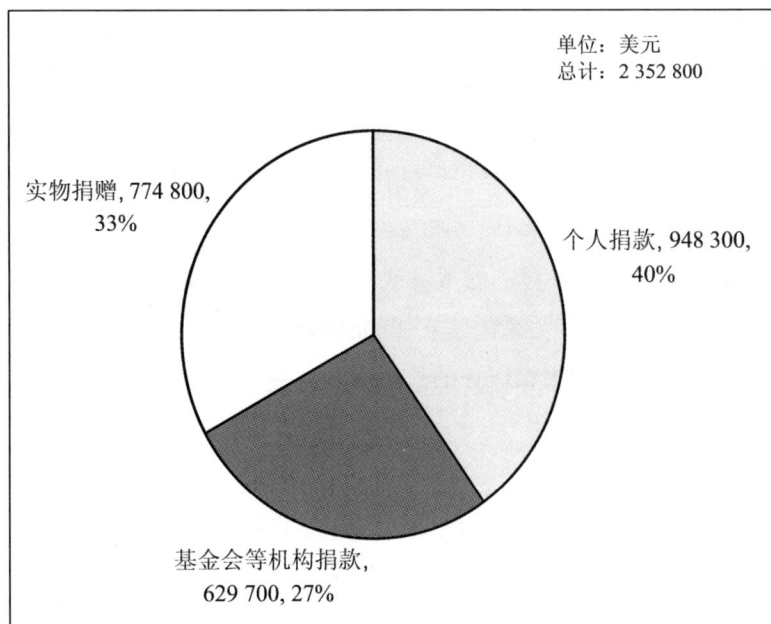

图2　2009 年西雅图公共图书馆基金会捐赠来源

注：根据西雅图公共图书馆基金会网站提供的数据整理[7]

3.4　建立良好的伙伴关系

　　第一种情况是图书馆基金会与捐赠人之间建立良好的伙伴关系。美国很多发展成熟的城市公共图书馆基金会都已经和本地的社会机构、企业家形成了良好的、可持续的伙伴关系，基金会也形成了一套完善的反馈机制，主要表现在向捐赠人定期报告经费使用情况以及项目开展的情况。图书馆基金会还非常尊重捐款人的意愿，如波士顿公共图书馆开展的鼓励与培养学前儿童阅读与利用图书馆习惯的"阅读准备"项目（ Reading Readiness），就是得益于波士顿公共图书馆基金会获得的一笔捐款，而这笔捐款明确规定要用于支持这一活动，为此，图书馆基金会完全按照捐款人的意愿支持图书馆开展了这项活动[8]。另外，作为激励措施，基金会的网站上会定期公布捐赠人名单并向捐赠人致敬。显然，这种良好伙伴关系的确立，无疑对图书馆基金会的持续发展有重要帮助。

　　另外一种情况是指图书馆基金会与项目合作者建立的伙伴关系，如芝加哥公共图书馆基金会开展的 YOUmeida 项目,就是由芝加哥公共图书馆的馆员、数字青少年网络(Digital Youth Network)以及其他社区合作伙伴共同参与的。YOUmedia 的大量资源使得青少年在他们自己的空间中能够很容易检索到丰富的图书资源,有利于培养青少年的文学素养、创造性和自我表达等能力[9]。而另外一个网络导航员(CyberNavigators)项目则是基金会与美国伊利诺大学香槟分校图书情报学院社群信息学研究实验室的教授和学生们合作,在全市 44 个分馆,由基金会提供经费,项目合作伙伴作为志愿者对读者进行一对一的帮助或者授课,帮助读者使用电脑、上网以及检索信息。这种伙伴关系的建立,既能保证图书馆基金会项目的顺利有效开展,又能够维持图书馆服务的长期性。

4　结语

美国图书馆基金会对于美国图书馆事业发展的意义,不但包含资金、技术、人员等物质方面的支持,更重要的是其展示了对图书馆和图书馆所代表的社会文明、知识的重视。当 19 世纪末慈善捐赠逐渐成为美国社会文明一个闪光点后,公共图书馆相应地也获得了巨大的发展,可以说美国慈善事业复兴的最大受益者之一是公共图书馆[10]。而美国基金会支持图书馆的传统一直延续到了今天,如梅琳达·盖茨基金会至今向美国及世界其他地区公共图书馆的捐赠已超过 3.25 亿美元,为美国和世界的图书馆事业作出了很大的贡献。

随着我国公共文化服务体系的完善以及市场经济的发展,图书馆经费来源日益呈现出多元化的趋势,图书馆基金会在发展图书馆事业中的重要性也越来越被图书馆界所重视。成立于 2003 年的杭州图书馆基金会是目前中国第一家公共图书馆基金会,主要目的是为杭州市公共图书馆事业的发展募集、管理、使用基金,宣传图书馆事业。尽管杭州图书馆基金会开启了中国本土图书馆基金会支持城市图书馆发展的先河并已经取得了一些成绩,但目前我国大多数图书馆基金会的主体主要还是来自海外,这不能不说是我国图书馆事业的遗憾。未来,如何更好地聚集国内社会资本支持图书馆事业的发展,图书馆基金会这一形式如何在全社会推广开来并为社会所重视,我们还有很长的路要走。在这方面,美国图书馆基金会的经验无疑值得我们借鉴。

参考文献

1　王子舟. 民间力量建设图书馆的政策与模式[M]. 北京:国家图书馆出版社,2011

2　Jones T. Carnegie Libraries across America: A Public Legacy [M]. New York: John Wiley & Sons, Inc,1997

3　The Foundation Reaches a Milestone[EB/OL]. [2011 - 10 - 20]. http://foundation. spl. org/initiatives/initiatives. htm

4　The Boston Public Library[EB/OL]. [2011 - 10 - 18]. http://www. bpl. org/general/ foundation/

5　Report to Donors[EB/OL]. [2011 - 10 - 16]. http://foundation. spl. org/pdfs/SPL_ Report_Donors%202009. pdf

6　卢娟. 国外政府文化资助模式及对中国的启示(一)[J/OL]. [2011 - 10 - 20]. http://www. caaea. org/info_art_member_detail. aspx? board = 9&id = 2601

7　Report to Donors[EB/OL]. [2011 - 10 - 16]. http://foundation. spl. org/pdfs/SPL_ Report_Donors%202009. pdf

8　Boston Public Library Foundation [EB/OL]. [2011 - 10 - 18]. http://www. bpl. org/ general/foundation/programs. htm

9　programs[EB/OL]. [2011 - 10 - 21]. http://www. chicagopubliclibraryfoundation. org/ programs/

10　Siobhan Stevenson. The Political Economy of Andrew Carnegie's Library Philanthropy,with a Reflection on its Relevance to the Philanthropic Work of Bill Gates [J]. Library & Information History,2010,26(4)

美国图书馆基金会在城市图书馆发展中的作用

067

图书馆学研究的前途与价值取向

柯　平

The Future and Value Orientation of Library Science Research

Ke Ping

摘要：我国图书馆学研究在不断进步和发展的同时，也存在着一些比较突出的问题与困惑。围绕图书馆学研究的跟踪与创新、图书馆学派、实证研究、理论与实践的结合以及图书馆学学术规范等重要问题，作者进行了评述与反思，强调从未来发展和整体发展出发，获得正确的研究价值取向，促进学科发展。

关键词：图书馆学，学术评论，学科发展，价值取向

Abstract：With continues progress of library science research in China, there are still some prominent problems and confusions. The author reviews and discusses some critical issues——the track and innovation of library science research, library schools, empirical study, the combination of theory and practice, academic criterion in library science and so on.Further, the author emphasizes on the correct value orientation of the library science research from perspective of the future development and overall development, which is an effective way to promote the discipline development.

Keywords：library science, academic comments, subject development, value orientation

图书馆学是一门实践性强的学科，并不排斥其理论性与学术性。图书馆学是关于知识资源和图书馆的智慧学科，需要图书馆人以科学的态度和科学精神开展扎实的研究，不断取得突破性进展，并以巨大的智慧获得更强大的学科地位。藉《城市图书馆研究》创刊之际，撰此文与图书馆人分享。

1　图书馆学研究的跟踪与创新

图书馆学研究要跟踪世界前沿，据对 SSCI 2000—2009 年有关图书情报学 15 168 篇论文的统计，近十年研究重点在于信息技术及其应用、信息检索、用户的行为分析及满意度分析、医药信息学、组织行为及绩效管理、电子商务和电子政务以及图书馆的传统服务、资源和管理方面[1]；又据对 Web of Science 1993—2010 年有关图书馆的 3319 条文献的统计分析，组成图书馆学研究前沿的一系列节点包括搜索引擎的利用、数字图书馆的建设、图书馆的信息服务、信息计量指标和信息组织等众多主题；20 世纪 90 年代以来图书馆学研究热点包括数字图书馆、信息科学、公共图书馆、国家图书馆、大学图书馆和信息服务等，其中最具代表性的热点是数字图书馆[2]，综合这两个统计（见表 1），可以发现，21 世纪前十年国外图书馆学研究的信息技术化趋势和服务的用户导向显著。

柯平,南开大学商学院信息资源管理系主任,教授,博士生导师。Email:ke2002@nankai.edu.cn

表 1　国外图书馆学研究高频关键词

排序	SSCI 2000—2009			Web of Science 1993—2010		
	关键词	频次	频率	关键词	频次	发文突增性
1	Information Technology	287	7.43	Digital Library	638	14.04
2	Internet/Web/Computer	252	6.52	Information Science	241	11.09
3	Information System	229	5.93	Public Library	202	7.29
4	Information Retrieval	146	3.78	National Library	194	3.05
5	User Satisfaction/User Acceptance	140	3.62	Library Service	151	3.89
6	Medical Information	117	3.03	University Library	106	——
7	Organization	111	2.87	Information Service	100	5.40

来源:根据文献[1][2]整理

与国外相比,据对我国 1999—2008 年十年的论文统计,高频关键词的前十位是:图书馆(词频 1548)、数字图书馆(950)、高校图书馆(778)、信息服务(318)、网络(278)、公共图书馆(256)、图书馆学(244)、图书馆管理(198)、资源共享(197)、网络环境(194)[3],与表 1 显示的国外图书馆学高频词有相似之处。

在跟踪国际研究的同时,受经济、文化和社会全球化浪潮的影响,有一种声音叫国际化愈来愈强烈,正在改变着我国图书馆学人的价值取向。例如,基于我国图书情报学期刊无一种被 SSCI 和 SCI 收录,发现我国图书情报学研究的国际显示度有限[4],我国大陆地区图书情报学的研究与代表着国际水平的美国等西方国家的研究水平存在着明显的差距,显示出实证研究缺失的特征[5]等。事实上,随着我国经济和社会的国际地位提升,在图书馆学与图书馆事业方面取得的突破和进步是前所未有的,早已不是 20 年前的水平与状况,不仅中国与世界的差距不像一些文献显示的那样夸大,而且在某些方面的成就与特色值得国外图书馆人学习和借鉴。

图书馆学研究是否一定要全部国际化值得思考,如果仅仅是为了向西方发达国家的图书馆学看齐,如果仅仅是跟在西方的研究道路之后前进,无疑会走向"东施效颦"、"拾人牙慧"的媚洋老路和研究者的不自信。

无论如何,图书馆学要发展,一方面要有国际视野,对于一切先进的科学与文化善于学习与借鉴,并使之本土化;另一方面要立足本国,走自己的

069

特色之路和创新之路。

2　如何看待图书馆学派

当讲到图书馆学发展史时大谈西方的芝加哥学派、交流学派、新技术学派等,却很少注意中国的图书馆学家与学派。难道我国并不需要图书馆学派,或者我国从来没存在过图书馆学派?对于前者,应该认识到,学派对于学科的发展并非只是消极作用,当学科发展到成熟期,在倡导百家争鸣、繁荣学术研究、推动学科发展等方面,学派发挥着不可替代的积极作用;对于后者,应该注意到,图书馆学人对于图书馆学认知的分野早已存在,而且研究群体的凝聚及思想体系的差异也早已形成,只是人们无视了图书馆学派的存在。

王平总结我国图书馆学理论研究,讨论了两个较为明显且公认度较高的研究倾向——知识化和职业化,前者围绕“知识”构建图书馆学的理论体系并推动学科理论研究不断深入,后者则是以图书馆职业为导向构建图书馆学理论体系,认为图书馆学理论研究应以图书馆职业为目标和导向,二者的本质出发点、对“机构图书馆学”的态度以及对图书馆职业的认知存在差异,在此基础上,提出了“在我国图书馆学研究环境下,我们的图书馆学究竟该对‘知识’和图书馆职业持什么样的学术研究态度”、“图书馆学对知识的研究能否与图书馆职业相融合”、“这是否该成为现阶段图书馆学理论研究的新的路径呢”[6]一系列问题,值得我们审慎地思考。

从 20 世纪 80 年代以后我国图书馆学研究的转向看,从机构范式中走出来,社会环境和技术环境的影响不能不反映到图书馆学者们的研究态度以及研究成果之中,另一方面,改革开放给予了图书馆学界学习西方的时机和条件,西方图书馆学理论与方法包括思维模式再一次大规模引入,能否与中国结合并使之本土化是后来一些学者才清醒地认识到的问题。图书馆学在这种背景下,一度走出了自身的原有“范畴”,甚至走到了远离文献和机构更远的地步,以至于有了“种了外人的田荒了自己的地”之批评,而且一度从“学习苏联”模式快速转移到向西方看齐模式,以致图书馆学到了“西化”的边缘和危险尚不自觉。多文化语境下中国传统图书馆学或者我国图书馆学的理论财富和优秀遗产被遗忘和抛弃不是正确的文化态度和科学态度。近三十年来,图书馆学的嬗变势不可挡,在这个过程中,传统与现代、坚守与突破、保守与激进一直在较量,虽然难以用流派表示,但存在着相互克制的力量对比,反映到了学者们对待图书馆工作对象、研究问题、研究方法等具体问题当中,也反映了图书馆学不同的前途与价值取向。

基础理论研究在图书馆学首当其冲,备受关注。在相当一段时间里,一提到图书馆学,立即指向基础理论,更指向基础理论的教科书。近三十年来我国图书馆学基础理论的研究成果反映到四部"概论"教材中,都是主讲图书馆概论的学院派成果。首推著名图书馆学家吴慰慈老先生的巨作《图书馆学概论》(2002 年 5 月修订版,2008 年 7 月修订二版),它在学科产生了广泛而巨大的影响。继之有三位年轻图书馆学者的用力之作:王子舟的《图书馆学基础教程》(武汉大学出版社 2003 年 8 月)、于良芝的《图书馆学导论》(科学出版社 2003 年 8 月)、蒋永福的《图书馆学通论》(黑龙江大学出版社 2009 年 10 月),均为专著性教材,也被广泛引用。虽然基础理论研究难以用流派划分,但是与"知识化"和"职业化"相对应的知识流派与职业流派隐约可见,而主张图书馆制度的称为制度流派是否合适还是个问题,由于理论界并没有鲜明的独立性和相互排斥,因为基础理论流派不能严格区分。

就整个图书馆学而言,的确存在学术研究倾向的分化,存在着所谓的准学派:一个是强调图书馆理念的人文学派,其中有相当一批学者推崇"图书馆精神";另一个是"技术决定论"的技术学派,这一派主要推崇数字图书馆和 Library2.0。曾在图书馆 2.0 会议上,有一个"技术酒徒 PK 人文烟鬼"的活动,反映了两派的存在。此外,还有一派,就是综合学派,倾向于人文与技术的兼顾和折中。

就事实而论,这些准学派都有鲜明的特征,虽然存在一些问题,但在学科发展的某些方面起到了重要作用和推动是不能否认的。就发展而言,图书馆学者们如果能严肃科学地对待学派,包容学派的"不足",形成具有学派特征的群体,建立起各学派的理论体系、学说体系,创造有利于学科发展的标志性成果,图书馆学的学派才真正有发展的空间。

071

3　如何看待实证研究

图书馆学提倡实证研究经过学界的推动,"实证研究是图书馆学发展

图书馆学研究的前途与价值取向

的基础和主要动力"[7],"图书馆学的实践性决定图书馆学研究的主流范式是实证研究"[8],近几年开始成为热点。据统计 1995—2009 年图书馆学实证研究学术论文共 197 篇,总体上数量呈越来越多趋势,但 1995—2004 年 10 年间相关论文仅 26 篇,年均 2.6 篇,而 2005—2009 年共计 171 篇,年均 34 篇[9]。

总体来说,近几年实证研究取得的成绩及作用不可否定。但也存在着一些突出的问题:一是实证方法单一,缺乏多样化实证。应用较多的是比较易于操作的问卷法,而其他的实证研究方法如案例法、实验法应用的非常有限。二是实证方法过于简单化或者运用失当,缺乏规范的实证研究。三是低水平的重复,缺乏大样本大规模实证研究的佳作。

在"实证热"的催化之下,那些鼓吹实证作为图书馆学的唯一价值取向、否定传统的理论研究价值的人成为图书馆界的新宠,虽然无法追究出"唯实证"的始作俑者,但已给图书馆界造成了严重误区以及学科偏离正确方向。专业期刊原已建立的学术论文评价机制改变,一味追求刊发实证论文导致不少理论佳作遭遇退稿的厄运,一些期刊和编辑的价值取向犹如指挥棒在催生实证成果的同时也遏制了理论成果。另一个可怕的连锁反应是一些图书馆员在某些"所谓"实证专家的蛊惑之下,为了迎合这种价值取向,不讲实证方法,伪造调查数据,拼凑实证成果。这种"伪实证"给图书馆学研究带来更大的危害。

如果说我国当前大量开展实证研究是完全合理的,是因为从图书馆学研究的历程上看,长期偏向了思辨研究,而缺乏实证之后需要加快"补课",但这并不意味着图书馆学研究只有实证才是科学和正确的,从而走上"单一化实证"的道路,那样会导致从一个思辨极端走向另一个实证极端。众所周知,实证研究仅仅是研究方法的一种,如果没有多种方法的选择,没有理论与实证的互补,不仅图书馆学研究的方法论存在缺陷,而且丢掉了我国图书馆学的思辨传统与优势。

4 如何加强理论与实践的结合

在中国图书馆学会第八届学术研究委员会成立大会上,学术研究委员会主任吴慰慈先生将图书馆学研究存在的问题和不足归纳为 5 个方面:理论研究的主攻方向不甚明确,对某些问题的研究存在着理论与现实脱节的偏向;研究队伍的组织、研究课题的选定、研究成果的数量与质量,在各地区、各系统中发展很不平衡;有的研究者在著作中引进相关学科的理论和方法,存在着生搬硬套的做法,导致一些非科学成分的出现,降低了图书馆学的科学水平;对西方图书馆学的某些理论观点和图书馆学家的学术思想,未能作出科学的分析和评价;有些论文论证不够充分,不够严谨,未能把观点和材料、定量和定性统一起来,因而难以用定量的数据证明定性的观点,用定性的观点统率定量的材料[10]。这些问题至今仍然存在,其中理论与实践严重脱节的问题近几年有所好转,一些图书馆学研究者主动面向现实,用理论指导实践,取得了突破性进展。

在强调理论界关注现实问题的同时,一个现象值得注意,一些实践者在进行图书馆实践中做了大量工作,却缺乏理论依据,也无视理论指导,甚至轻视理论的作用。有的图书馆做了很多"文章",引起了业界的高度关注,由于没有理论支持,单靠馆长的一腔热血和想当然,图书馆难以可持续发展。在这些经验的背后,大多是仿效国外图书馆和一些先进图书馆的做法,只想怎么做,而不去考虑为什么这么做;只想当前怎么做,而不考虑以后该怎么做。例如,当一些图书馆阅读推广做得轰轰烈烈的时候,其中有哪些理论起到了推动作用,又引发了哪些理论问题,体现阅读推广的科学性和理论性。因此,如何在从事实践时考虑理论问题,将实践上升到理论,或者自觉地寻求实践与理论的对接,是今后实现图书馆管理和服务的科学性以及可持续发展的一个重要方向。

近几年来,社会对公共图书馆的关注度不断提高:杭图"乞丐入馆"被中央台报道。图书馆引起社会媒体关注是一件好事,要思考的是:为什么会引起关注呢? 在社会关注图书馆的同时,图书馆关注社会吗? 理论界除了将这些媒体现象推波助澜,还能做些什么? 如果学者们透过现象看本质,从实践中获得理论的来源和新的理论课题,那么理论尚可大有作为。

今年是公共图书馆免费开放之年,2011 年 2 月 10 日文化部、财政部出台《关于推进全国美术馆、公共图书馆、文化馆(站)免费开放工作的意见》,明确 2011 年底之前,国家级、省级美术馆全部向公众免费开放;全国所有公共图书馆、文化馆(站)实现无障碍、零门槛进入,公共空间设施场地全部免费开放,所提供的基本服务项目全部免费。这一文件出台后,成为

073

图书馆学研究的前途与价值取向

图书馆界关注的热点。湖南图书馆张勇馆长约我写篇稿子,发表在《图书馆》2011 年第 3 期首篇,题目是《公共图书馆免费开放的理论思考》,提出建立由政府、公共图书馆和公众组成的公共图书馆免费服务立体化模式。《中国图书馆学报》2011 年第 3 期发表了周和平、余胜、吴晞、张欣毅等撰写的关于免费开放的一组论文。这些研究,紧跟形势,紧贴实践,学术和理论研究体现出一定指导作用。

德国诗人歌德有句名言"理论是灰色的,而生活之树常青"。图书馆界的所谓理论工作者能否深入到图书馆实践中去,透彻调查了解图书馆实际状况而不是停留在表现印象和道听途说上,体察或体验图书馆工作而不是仅仅旁观或凭空想象,与图书馆工作者直接交流而不是仅靠书面交流或不出学门做着象牙塔的"学问",只有将实践摆到一个恰当的位置,亲身体会到实践需要,急现实之所急,应图书馆之所求,才不会囿于理论的自我欣赏或者陷入理论无所作为实践无法贴近理论的僵局。

5　图书馆学的学术规范

图书馆学界长期存在的学风与文风问题,直到学术界学术腐败的频频曝光而引起特别关注。在 2004 年 4 月 22 日教育部出台的《高校哲学社会科学学术规范》之后,学术不端事件时有发生,从 2009 年 4 月上海大学博导陈湛匀因两篇论文(一篇约 9100 字,其中抄袭 2300 字,抄袭率约为 25%;一篇约 5500 字,其中抄袭 1660 字,抄袭率达 30% 以上)被撤销行政职务[11]、5 月"史上最牛硕士论文抄袭""直接用替换键搞定"[12],到"川大副教授抄袭台湾硕士论文""133 页内容雷同,包括标点和注释都完全一样"于 2011 年 9 月"被开除党籍公职"[13],以及 2011 年初以来的"中国地质大学(武汉)洋千人事件"[14]等等,署名也变得复杂起来。国际上论文署名讲究"第一作者"和"通讯作者",以此判别对该研究成果的贡献,而"在高能物理学领域,论文的作者署名有个国际惯例:按姓氏字母的顺序排列,而不是按贡献大小排列,结果国内很多单位套用'第一作者'和'通讯作者'的路子来对待高能物理学家,结果常常会张冠李戴。很多研究生培养单位对以第一作者身份发表的文章数目都有最低要求,达不到标准的话,毕不了业或者拿不到学位。有些高能物理学界的导师出于好心,或者觉得有的学生对某篇论文的贡献确实最大,会违反惯例把她或他的名字放到第一作者的位子。这样做的后果有时候很严重"[15]。相似的,在图书馆界,也有恶性抄袭、职称造假、项目造假、成果造假、拼凑论文、"枪手"等现象存在,虽然图书馆学的学风不正和文风不正与社会大环境和学术失范的"温床"相关,却不能由此减少人们对于污染图书馆学术环境的痛恨,也不能由此获得对于图书馆界的种种学术不端行为的谅解。

一段时期,反抄袭"谈虎色变",导致了计算机派上用场,有了查抄袭软件,由此而成了一项新的"产业"。研究生查毕业论文雷同率,学术会议查获奖论文雷同率,期刊查稿件雷同率,所定雷同率五花八门,雷同率的比例难以界定,成为争论的问题之一。一些作者铤而走险,一些作者反"反抄袭"。所谓"魔高一尺,道高一丈",例如"西南政法大学是启用'抄袭检测系统'的高校之一,如果论文与已有文献的相似度被检测出超过 10%,就会被要求修改。这让一些毕业班的学生惴惴不安。由于担心检测结果显示相似度超过标准,有些学生还提前开展了'反侦查',即通过网上的其他检测系统先作一次'预测',再针对预测的报告对论文进行'整改'"[16]。如此等等,这种较量不能单纯靠软件自动化来解决,技术不是万能的,学术伦理要从研究者做人、从学人的自觉做起。另一方面,一些人借学术规范之名,推出极端的措施和对研究者的过分苛求,最后走到了形式主义,也是需要警惕的。

除了伦理方面,写作的规范也应当重视,不光是引文规范,还要注意图书馆界的"概念炒作",随着青年学者和青年学子越来越习惯于用博客、微博这些新的媒介进行学术交流,尽管博客有很多作用和好的方面,但也直接影响到不少人习惯于"博客"思维替代学术思维,以博客作为唯一主要的学术资料来源,用博客语言写学术论文,产生了一定的副作用。因此,要正确引导青年学子运用好博客及其他新型信息工具,取其利而避其弊。

在图书馆学界有一种现象值得注意,在从事某一专题研究中,遗漏了本专题的重要成果,或者,只提到自己熟悉的成果和自己认可的成果,而对于他人的重要成果或者与自己意见不合的观点只字不提,甚至一概否定。如果对某一领域的文献进行引文统计,会发现这一领域中有一些文献中,只引用一个人或少数几个人,出现两个人或几个人之间的相互吹捧或相互引证,而对于本领域的他人重要文献或观点视而不见。这样的研究,即使再多的少数朋友间赞赏以及自我吹捧,都是片面的。从科学研究来说,是

075

图书馆学研究的前途与价值取向

不科学的,既缺乏科学的态度,是不实事求是的,也是不尊重他人知识成果的表现,是不遵循科学伦理和科学规范的突出问题。

在坚守学术伦理的基础上,学术研究必须坚持"百花齐放,百家争鸣",其实也是学术重要的规范。基于此,学术评论无法完全排斥主观性,本文的上述这些评论和文字也存在着纯个人观点和片面性,仅供图书馆学研究者之参考。

参考文献

1,5　陈贵梧.图书情报学的国际研究态势:基于2000—2009年SSCI研究性论文的实证分析[J].中国图书馆学报,2011(1)

2　赵蓉英,王菊.图书馆学知识图谱分析[J].中国图书馆学报,2011(2)

3　邱均平,丁敬达.1999—2008年我国图书馆学研究的实证分析(下)[J].中国图书馆学报,2009(6)

4　陈月婷.从SSCI谈我国图书情报学期刊的国际化发展[J].大学图书馆学报,2005(6)

6　王平."知识化"与"职业化"导向下图书馆学理论研究的冲突及思考[J].情报资料工作,2009(5)

7　邱五芳.中国图书馆学应进一步弘扬实证研究[J].中国图书馆学报,2008(1)

8　刘宇,叶继元,袁曦临.实证缺失的中国图书馆学研究[J].中国图书馆学报,2009(4)

9　石烈娟.图书馆学实证研究综述(1995—2009)[J].图书馆,2010(6)

10　吴慰慈.中国图书馆学的发展与新一代图书馆学人的使命——在中国图书馆学会第八届学术研究委员会成立大会暨工作会议上的报告[J].中国图书馆学报,2009(6)

11　新浪网.上海大学博导陈湛匀因论文抄袭被撤销行政职务[EB/OL].[2011 – 10 – 03].http://news.sina.com.cn/c/2009 – 04 – 21/125917655795.shtml

12　新华网.网友曝史上最牛硕士论文抄袭,直接拿替换键搞定[EB/OL].[2011 – 10 – 03].http://news.xinhuanet.com/edu/2009 – 05/25/content_11428721.htm

13　成都晚报.川大副教授抄袭台湾硕士论文被开除党籍公职[EB/OL].[2011 – 10 – 03].http://news.qq.com/a/20110923/000094.htm

14　Hiroseite.中国地质大学(武汉)洋千人事件全追踪[EB/OL].[2011 – 10 – 11].http://blog.sciencenet.cn/home.php? mod = space&uid = 92454&do = blog&id = 494743

15   邢志忠. 论文署名别乱来, 否则后果很严重 [EB/OL]. [2011 – 10 – 14]. http://
blog. sciencenet. cn/home. php?   mod = space&uid = 3779&do = blog&id = 493933

16   中国青年报. "史上最牛硕士论文抄袭"调查, 直接用替换键搞定 (2) [EB/OL].
[2011 – 10 – 14]. http://news. 163. com/09/0525/03/5A4N5MT1000120 GU_3. html

图书馆学研究的前途与价值取向

城市图书馆研究　2012年第一卷第一辑　　　Journal of Metropolitan Library　Vol.1 No.1　2012

图书馆服务要实现战略重心转变

初景利

Emphasis Shift of Library Service Strategy

Chu Jingli

摘要：信息环境和用户行为的变化,要求图书馆必须重新确立定位,逐步实现从物理图书馆服务到嵌入式泛在图书馆服务的转变,从印本文献服务到网络资源服务的转变,从文献信息服务到知识服务的转变,从馆员中介的服务到用户自助服务的转变,从普遍服务到个性化服务的转变,从单向的用户服务到用户参与的服务的转变,从单一的图书馆服务到协同共享服务的转变,从纯粹的图书馆到知识管理与服务中心的转变。

关键词：图书馆,用户服务,图书馆功能,图书馆转型,图书馆变革

Abstract：The changes of information environment and user's behaviors urge the library to re-define its positioning, and to seek shift gradually from physical libraries to embedded and ubiquitous libraries, from print document service to web-based resources service, from document-based information service to knowledge service, from librarian-intermediary service to user's self-service, from one-size-fit-to-all to personalized service, from single-directional user service to user participation service, from individual library service to collaborative sharing service, and from pure library to KM and knowledge service center.

Keywords：library, user service, library function, paradigm shift, library reform

服务一直是图书馆的最重要属性和本质特征。在图书馆的发展中,服务正在并将扮演越来越重要的角色。有什么样的图书馆就有什么样的服务,同样,有什么样的服务就有什么样的图书馆。在数字化网络化时代,在从传统图书馆到新型图书馆的转型过程中,图书馆必须适应信息环境和用户行为的变化,重新确立自己新的定位,大力拓展新的功能,完成自己的变革和转型。为此,图书馆要逐步实现从物理图书馆服务到嵌入式泛在图书馆服务的转变,从印本文献服务到网络资源服务的转变,从文献信息服务到知识服务的转变,从馆员中介的服务到用户自助服务的转变,从普遍服务到个性化服务的转变,从单向的用户服务到用户参与的服务的转变,从单一的图书馆服务到协同共享服务的转变,从纯粹的图书馆到知识管理与服务中心的转变。

1 从物理图书馆服务到嵌入式泛在图书馆服务的转变

在数字图书馆出现以前,图书馆建筑一直是图书馆为用户服务的唯一场所,用户利用图书馆必须到物理的图书馆中来,物理图书馆的服务是图书馆服务的代名词和全部内容,物理图书馆在

初景利,中国科学院国家科学图书馆,编辑出版中心主任,《图书情报工作》主编,教授,博士生导师。

Email：chujl@ mail. las. ac. cn

图书馆服务中具有举足轻重的地位。如果读者不来图书馆,则图书馆的服务也无从谈起。因此,读者到馆率成为衡量图书馆作用的最重要的指标。但是,在今天的数字化网络化的环境下,图书馆服务完全可以打破时空界限,超越图书馆建筑的限制,在用户所在的地点随时随地提供服务,用户在哪里,服务就在哪里[1],所谓嵌入式泛在图书馆正是体现这样一种服务的模式和机制。

今天的绝大多数图书馆正在经历服务模式的嬗变,正在通过数字图书馆的网络服务为不到馆的用户提供服务,通过学科馆员等制度实现图书馆服务阵地从图书馆到用户一线的前移,但总体而言,图书馆的思维模式仍停留在物理图书馆时代,图书馆的服务重心仍然是物理的图书馆,服务的重点仍然是到馆的用户。无论是嵌入一线的服务,还是网络时空的服务,都没有得到足够的重视,投入的人力、物力、财力资源都远远不够。嵌入式泛在图书馆的理念尚未得到图书馆人的充分认可和广泛接受。

从到馆用户的分析看,绝大多数用户到馆只是利用图书馆的物理设施,寻求一个安静的学习场所,而不是真正利用图书馆的馆藏资源和图书馆员的服务。可以预见,随着网络设施的不断改进,随着伴随着网络长大的一代(90年代以后出生的网络一代)的用户行为的变化,到物理图书馆寻求到馆服务的需求强度将日渐降低。图书馆只有及早做好准备,适应变化,在业务布局、岗位设置、服务重心作出调整,才能在竞争中站稳脚跟,始终抓得住用户,而不是被用户所抛弃。在嵌入式泛在图书馆时代,检验图书馆成功与否的标志仍然是为多少用户提供了什么服务,只不过此时更多的用户是在他的办公室、实验室或虚拟空间。

2　从印本文献服务到网络资源服务的转变

印本文献往往是图书馆多年来不断积累的引以为自豪的最重要的资源,馆藏量与图书馆的规模常常相提并论。在印本时代,印本文献的搜集、整理往往需要投入巨大的人力和代价。在数字时代,电子资源正占据馆藏的主体,一些研究性质的图书馆的馆藏资源甚至在朝 e-only 的方向发展。而且,对图书馆为用户服务的资源而言,已经扩展到整个网络空间,大大超越了馆藏资源的制约。由于越来越多的资源是数字化网络化的,因此,图书馆员需要为用户提供对整个网络空间信息资源的导航、整理和利用。在用户端,他已经感受不到馆藏与非馆藏的区别,而是集成的一站式的资源获取和利用。

尽管在可以预见的未来,印本文献的出版还将继续,但其数量和比重必然不断降低。即使出版界还将继续出版印本图书、印本期刊,但图书馆或因经费的限制、人力成本以及用户的利用需求,将不断加大对电子资源的投入,甚至人们认为最习惯的图书阅读也将实现从印本到电子书的转变。国外学者预测大学图书馆在 2050 年消亡的 6 个重要理由之一就是电子书取代印本书[2]。

从印本走向电子将是一个不容置疑的变革。用户也将从不接受到接受,从不适应到适应。iPad 等新型阅读设施的成功显然就是人们接受阅读载体改变的一个最重要的事实。任何为印本所做的辩护都是苍白无力的。到馆藏的虚拟资源占据主导地位时,馆藏的印本资源必然成为配角,很有可能成为一个远离服务一线的存储图书馆,用户有需求可通过文献传递实现快速传递利用。图书馆的空间变异为 Information Commons、Learning Commons、Knowledge Commons 等,图书馆的学术交流功能、与用户的直接互动、参与用户的科研教学过程的功能将显著增强。

3　从文献信息服务到知识服务的转变

无论是文献服务,还是信息服务,都是提供基于文献单元的图书馆服务,这具有很强的印本时代的特征,也受到人力资源能力的很大限制。在数字化网络化时代,特别是今天各馆新招聘人员具有较强的学科背景和科学研究训练,具有硕士或博士学位,图书馆已经具备了提供知识服务的基本条件。无论我们如何定义知识服务,知识服务强调的是融入了图书馆员知识和智慧、体现了知识增值性的一种高智力的服务。从用户对未来图书馆服务的需求而言,用户并不是不要图书馆的服务,而是需要能直接支持其科研教学过程的知识服务。在许多图书馆,知识服务还停留在概念阶段,但知识服务作为一种服务战略方向已得到业界的充分认同和积极支持。

要实现知识服务,图书馆员就要打破文献单元的限制,深入到科研或任务过程之中,根据科研或任务需要,对细粒度的知识单元进行重组、挖掘、萃取、分析、调用,生成直接支撑科研或任务过程的增值知识成果,提高工作效率和效益,从中也实现图书馆服务的有机嵌入[3]。未来图书馆的成败,很大程度上将取决于图书馆员嵌入用户过程提供知识服务的能力和效果。图书馆员的角色也将从依赖物理图书馆提供文献服务,转变为可以在图书馆以外,在用户的身边,提供具有律师、医生同样性质的知识型劳动,体现知识服务的价值和不可或缺性,成为信息专员、情报专员、学科专家、高级咨询师等新的图书馆员角色。

要实现这样一种转变,需要图书馆员脱胎换骨的蜕变,以一种新的形象和新的能力带给用户不同的体验和认知。当图书馆的信息资源已经是数字化的,当图书馆员已经是硕士博士学位获得者,图书馆所提供的服务如果不能实现知识服务,则与图书馆所肩负的知识服务的职能不相适应,也无法适应用户对图书馆服务新的需求和期望。从文献与信息服务到知识服务,是一个渐进的过程,需要持续的探索和艰辛的努力,但这个趋势不可能逆转。知识服务的深度或许有差别,但在服务中更多地体现知识、智力和智慧,成为知识驱动的服务,将成为与传统图书馆服务的分水岭。

4　从馆员中介的服务到用户自助服务的转变

历史上,图书馆学是以"图书馆是中介机构,图书馆员是图书馆与用户之间的中介"作为重要的理论基础[4],这在印本和物理图书馆时代是没有疑问的,但在数字化网络化和知识服务的时代,则必须加以修正。今天的许多用户更习惯于自助(self service),更习惯于通过网络获取自己所需,因而越来越多绕开了所谓的中介,而更多地走向自助,借助于自助实现自己的目标。过去图书馆所习以为常的中介服务,正通过一些技术手段,逐步地让位于用户的自助,国外的相关研究也充分地证明了这一点。OCLC 的报告多次提到用户自助的需求[5],给图书馆提出了严重的警示。在今后和未来,如果图书馆不扭转中介服务的尴尬,提供以知识服务为核心的新型服务,则用户必然绕开图书馆的服务,最终抛弃图书馆和图书馆员。

尽管在今后相当长的时间,中介服务仍将存在,因为用户的需求是多样性的,但主流和主导的图书馆服务不是中介。因此,图书馆应为用户自助提供更多的便利条件,引导和鼓励用户使用图书馆的自助服务,从而将图书馆员解脱出来,以便从事更加有智力性和挑战性的工作。用户能自己做的,就坚决地交给用户做。图书馆员的作用不是替代用户,而是协助和支持用户,培养用户提升信息能力。当然,自助服务还不能取代图书馆员的服务,图书馆员所给予的人性化、个性化和专业的服务不是系统或设施所能替代的。

无论是国内还是国外,图书馆的自助服务正在蓬勃发展。小从联机填写申请,大到城市街区自助图书馆,都为用户提供了一种多样化的选择,适应不同人群的不同需要。但总体而言,自助服务的类型和作用还远远不够,服务的需求和空间还很大。顺应用户的自助需求,加快自助系统的开发,提供更多的自助服务项目,并进而嵌入到用户的流程之中,是今后图书馆服务需要重点解决的问题。自助服务必须简单易用,界面亲切友好,必须能够提高用户的效率。要加强对用户自助服务的引导和指导,提高用户自助的意识和积极性,尽可能地通过技术手段来提高成本效益。

5　从普遍服务到个性化服务的转变

传统的图书馆服务往往是被动的服务。用户只有求助于图书馆员,才能得到所期望的服务,而且常常是程序化、流程化的服务,千人一面,一视同仁。这种普遍服务如果在物理图书馆时代有其必然性,但在今天的讲求品质和效益的时代,如果图书馆的服务不能量体裁衣,不能体现个性化,根据用户的特定需求重新组织图书馆的资源和服务系统,则不能适应当今主体用户的需要。随着信息富有而知识贫穷现象的出现,个性化服务将越来越被用户所看重,将在图书馆的服务中发挥日益重要的作用。

信息技术的应用为个性化服务提供了可能[6]。所谓的个性化服务不是依赖智力和体力,而是融入了人的智慧的系统设计。Personal library、信息过滤、Alert 服务、RSS 等定制服务体现的正是个性化。从某种意义上,知识服务一定是个性化的服务。个性化服务正是充分地使用用户特定需求的信息技术与知识服务的结合。就用户的需求而言,所有的需求都是个性化的,因此如果服务不是个性化的,则不可能最大限度地满足用户的需要。

长期以来,图书馆对用户的个性化需求重视不够,常常以不变应万变。从今后的发展看,个性化需要的满足是检验图书馆服务成效的重要指标之一。对相当数量的图书馆而言,由于技术力量薄弱,人员素质不高,个性化基本上无从谈起。对此,也只能充分挖掘一切潜力,借助各方力量,引进和应用成熟的系统,加快个性化应用的速度。个性化服务是图书馆服务的重要方向,要不遗余力地推动图书馆的个性化服务向深度和广度发展。

6　从单向的用户服务到用户参与的服务的转变

传统图书馆服务的基本模式是或者用户求助于图书馆,或图书馆向用户提供某种服务,所有这些服务都是单向的,用户与图书馆之间基本没有回路,基本上没有持续的互动,用户在图书馆的服务中基本上处于被动的角色。尽管一些图书馆建立用户委员会或资源建设咨询小组等,由于多方面的原因,实际上所发挥的作用有限,用户对图书馆的支持不够。实践证明,这种依靠少数用户参与图书馆事务的做法并没有产生应有的效果。

在网络环境下,实现用户参与图书馆的服务需要从系统和机制上加以推动。Web2.0 为这种参与提供了机会和可能。通过建立 BBS、博客、微博、flickr、书签以及图书馆的用户社区,图书馆就能从多个方面邀请和支持用户参与资源采选与评价、咨询提问与解答、系统测试与评估、工具的宣传与推广等。在这样的一种自发性的用户参与以及图书馆与用户的互动中,图书馆与用户之间建立了紧密的协同互助的关系,增强了彼此的信任,扩大了相互联络与沟通的机会,形成了一个紧密结合的互动合作的联合体。

用户的参与是图书馆服务有效性和相关性的重要保证。还有很多图书馆没有认识到这一点,或没有建立一种可靠而持续的机制。用户参与体现的也是法律赋予的用户的权利,如平等权、隐私权、知情权等[7]。图书馆应加强用户参与的管理,积极利用网络技术为用户的参与提供基础设施,不断完善用户参与的机制和政策,注重用户参与的效果和对服务的支撑能力,增强用户参与的广泛性和参与度,充分保障用户的民主权利。

7　从单个图书馆服务到协同共享服务的转变

今天的图书馆无论规模多大、实力多强,都不可能完全依靠自身的力量满足用户的各种信息需要,为用户提供完备的服务。总分馆制、图书馆系统、图书馆联盟、图书馆联合体等组织形式正是适应这样一种需要而产生的,其重要职能是为用户提供协同共享的图书馆服务。这种协同共享已经成为今天的图书馆生存方式和发展能力。没有图书馆能够独善其身,孤军奋战,而是必须寻求积极而有效的合作,包括与其他图书馆的合作,与出版商的合作,与数据库商的合作,与信息技术开发商的合作等。

083

仅就与图书馆的合作而言,在网络环境下可以实现物理图书馆时代所不可能实现的信息资源共享和各种联合服务,实现服务的规模化、高效率、标准化和精细化。数字资源建设、文献传递、联合式网络参考咨询、信息资源开放获取等等都体现了多馆的合作,乃至国际图书馆界的合作。国际上越来越多的图书馆已经认识到协同共享对图书馆发展的意义和前景,在为图书馆联盟共享的同时,也享受共享服务所带来的利益。

数字图书馆项目的一个重要意义是为各参与图书馆提供信息基础设施,为协同共享服务创造机会和平台。加州大学数字图书馆(CDL)的建立使得加州大学十个校园能够共享数字图书馆的服务[8]。日本的 NII 承担一个机构无法完成的项目,为日本的学术界建立了基于网络空间的科学基础设施,包括机构知识库计划[9]。

8　从纯粹的图书馆到知识管理与服务中心的转变

21 世纪的前十年,图书馆最大的变革莫过于其内涵从单一的以馆藏为中心的服务,正逐步拓展到以用户为中心的知识管理和知识服务。知识是图书馆的本质属性,而知识管理和知识服务是图书馆的核心职能。图书馆更重要的意义不在于馆舍和馆藏,而是其为用户提供知识管理和知识服务的能力,围绕着用户的特定需求重新组织资源、组织服务和开发系统,建立灵活的嵌入用户过程的服务机制。国外甚至有的图书馆已经改了名,国内则有若干图书馆与计算中心或信息中心合并,以体现图书馆功能的变化和新的发展需求。

在知识管理与知识服务中心框架下,图书馆更多地体现研究机构的性质,根据用户的需求组成课题小组承接任务,为用户提供深度的情报研究、课题情报跟踪、政策监测、环境扫描、前沿分析等,也包括提供并介入机构知识库服务、开放获取出版咨询与指导等学术交流过程。在此情境下,图书馆员(或称为信息专员、情报专员)成为用户科研过程的积极参与者和合作者,成为用户科研项目的战略伙伴。

中国科学院多位领导都提出图书馆应成为知识工厂、知识管理与知识服务中心,要求图书馆实现从 data 到 information,从 information 到 intelligence,最后到 solution,代表了战略科学家对图书馆的需求和期望。这意味着图书馆从传统图书馆到新型图书馆的转型,从未来发展的眼光审视图书馆变革创新的需要,对图书馆实施结构和功能的改造。这对图书馆而言,一定是一个痛苦的过程。但也只有经历浴火重生,图书馆才有可能为自己创造一片新的天地,图书馆才可能有美好的未来。

参考文献

1　Maureen Nolan, et al. Science Experiments：Reaching Out to Our Users. Issues in Science and Technology Librarianship. 2008(55)［EB/OL］.［2011 – 10 – 09］. http://www. istl. org/08 – fall/article1. html

2　Brian T. Sullivan. Academic Library Autopsy Report, 2050［EB/OL］.［2011 – 01 – 06］. http://chronicle. com/article/Academic-Library-Autopsy/125767/

3　Jake Carlson, Ruth Kneale. Embedded Librarianship in the Research Context［J］. College & Research Libraries News, vol. 72 no. 3

4　吴慰慈. 图书馆学基础［M］. 北京:高等教育出版社,2004

5　OCLC. Perceptions of Libraries and Information Resources (2005)［EB/OL］.［2010 – 11 – 02］. http://www. oclc. org/reports/2005perceptions. htm

6　Fengrong Gao, Chunxiao Xing, Xiaoyong Du, Shan Wang. Personalized Service System Based on Hybrid Filtering for Digital Library［J］. Tsinghua Science & Technology, 2007, 12(1)

7　房明,温国强. 国内关于图书馆用户权益研究综述［J］. 图书馆杂志,2009(4)

8　阎军,杨志萍. 加州大学数字图书馆考察报告［J］. 数字图书馆论坛,2011(1)

9　National Institute of Infomatics［EB/OL］.［2010 – 11 – 02］. http://www. nii. ac. jp/en

公共图书馆未成年人服务理论的基础和资源

范并思

Public Library Services for Children: Basic and Resources of Theory

Fan Bingsi

摘要:公共图书馆理论进步但公共图书馆未成年人服务理论仍较落后。构建未成年人服务的理论包括发展心理学理论、儿童教育学理论、分级阅读理论、儿童权利理论、公共图书馆理论等,核心研究资源有联合国的两部公约、联合国教科文两部宣言、国际图联四部服务指南,以及两部国家图书馆协会的宣言。

关键词:图书馆学理论,公共图书馆,未成年人服务

Abstract: Public library theory is improving but the theory of young people's services is still lagging behind. The theory of young people's services should consist of developing theory of psychology, children's education theory, classification reading theory, children's rights theory, public library theory.The core research resources include two conventions of United Nations, two declarations of UNESCO, four service guides of IFLA and two declarations of national library association.

Keyword: library science, public library, children services

1　引言

过去 10 年中,中国的公共图书馆理论发生了翻天覆地的变化。以往的公共图书馆研究文献,宏观上紧跟时事政治口号讲空话大话,微观上不厌其烦地描述业务介绍经验。而现在人们站到国际图书馆普世价值的高度,完整揭示公共图书馆基本原理,并用其指导公共图书馆的服务创新。公共图书馆人在实践中不断探索对全社会普遍开放、保障公民获取信息的权利、对所有公民平等服务的基本理念,致力于消除公众获取知识和信息的困难,不断破除人们走进公共图书馆的门槛。他们不但大大推动了公共图书馆事业的发展,也创造了公共图书馆理论的繁荣。昔日不受理论家和刊物编辑待见的公共图书馆领域,已成为过去 10 年理论研究最活跃的领域。

公共图书馆的未成年人服务是公共图书馆服务的一个组成部分。这个领域近年来日益受人重视,不但各种面向未成年人的活动开展得风生水起,有声有色,而且许多数据表明,未成年人接受公共图书馆服务数据所占比例极大。公共图书馆未成年人服务的开展,受到近年公共图书馆服务理论的指导。

范并思,华东师范大学信息学系,教授。

Email:bsfan@infor.ecnu.edu.cn

例如公共图书馆对全社会开放,对所有人平等服务的理论,直接导致各级公共图书馆主动开展未成年人服务,或取消公共图书馆服务对于年龄的限制。又例如公共图书馆坚持人文精神、消除弱势群体进入图书馆的困难的理论,推动公共图书馆对未成年人采取更加体现关爱的服务政策,从"管理"读者到"服务"读者。

公共图书馆的未成年人服务不仅需要一般公共图书馆理论的指导,还需要有自己特殊的理论,包括基础理论。对于图书馆服务而言,0—18岁的未成年人可以细分为多个服务特征完全不同的年龄段。例如,同样的亲子阅读,0—12个月的幼儿可能主要通过被动感知书籍或监护人的阅读行为促进阅读兴趣的形成,2—3岁的儿童更多的是通过游戏开发智力,4—6岁的儿童受监护人的阅读行为的影响主动体验阅读,等等。这种同一服务项目名称派生出完全不同的服务的情形,只有未成年人服务中可能出现。为了做好品种多样、内容丰富的未成年人服务,公共图书馆需要更加专门的理论,包括基础理论。

从目前的情况看,尽管公共图书馆的未成年人服务的实践内容十分丰富,出现在深圳少儿馆、温州少儿馆等高水平未成年人服务案例,但在图书馆学理论领域,未成年人服务的研究却和10年前的公共图书馆研究一样,不受理论家和刊物编辑的待见。我在调查一些未成年人服务做得出色的图书馆时,特别留意过这些从事未成年人服务的图书馆员工的知识来源,结论是他(她)们主要通过自觉和摸索。理论研究的现状实际严重制约了公共图书馆开展未成年人服务,因为能够自己摸索着掌握未成年人服务理论与服务技巧的图书馆员毕竟不是普遍情况。认真研究未成年人服务理论,包括有关基础理论,已经成为图书馆学的迫切课题。

以下一些理论和资源是我们构建公共图书馆未成年人服务理论基础最需要关注的。

2　心理学、教育学和阅读学基础

2.1　发展心理学理论

公共图书馆的未成年人服务,目的是促进儿童身心健康,全面发展。这就要求图书馆服务人员应该具备最基本的发展心理学知识,了解儿童心理发展规律,能够洞悉儿童心理发展状况。这方面较为成熟的理论均对公共图书馆的未成年人服务有重要价值,未成年人服务的理论基础应该吸收这些理论的成果。

2.1.1　埃里克森的"人格发展阶段论"理论

埃里克森是新精神分析学派的代表人物,他从婴幼儿出生开始研究个体社会心理发展的整个过程,其中强调早期社会人格发展的重要作用,认为早期人格是人的整个一生的人格基架。如果早期各阶段的人格基架建设不良,那么,这将会严重影响个体以后整个一生的人格发展。这一理论中也有对图书馆未成年人服务有特别意义的启示,例如埃里克森认为,"在学前期要避免对孩子强制进行过早的'专门教育',例如音乐、书法和画画等方面的强制教育,否则儿童容易出现屈从、怯懦或反抗、敌意等人格缺陷"[1]。

2.1.2　皮亚杰的认知发展阶段理论

皮亚杰认为,儿童的认知发展经历从感知运动、前运算、具体运算和形式运算 4 个主要阶段,不同阶段各有其认知发展方面的主要特点,所有儿童的认知发展都是按照这样的发展顺序发展起来的。这一理论对图书馆未成年人服务的指导意义,一是图书馆服务要适应儿童认知发展的阶段特征,二是通过图书馆服务促进儿童认知发展阶段的过渡,提高儿童认知发展的水平。同时,皮亚杰关于应适应儿童认知的发展、不能超越儿童智慧发展阶段的思想,关于促进儿童的认知发展的思想,关于重视儿童活动的思想,关于合作学习的思想,都值得图书馆学基础理论吸收与研究。

2.1.3　洛伦茨印刻现象与关键期/敏感期理论

洛伦茨的关键期指孩子对某一方面最敏感的时期。在此期间,脑对某种类型的信息输入产生反映,以创造或巩固神经网络。洛伦茨指出,个体印刻现象只能在个体生命中一个短暂的"关键期"发生。在关键期内,越早给孩子进行教育和训练,孩子的大脑就越聪明、灵活。关键期的理论对于图书馆未成年人服务的意义在于促进了对儿童早期教育的重视,促使图书馆配合父母选择最佳时机对儿童进行教育,使知识技能容易为儿童掌握,智力及性格容易形成。

2.2　儿童教育学理论

2.2.1　加德纳的多元智能理论

加德纳认为智力并非像我们以往认为的那样是以语言能力和数学逻

辑能力为核心、以整合方式存在的一种智力,而是彼此相互独立、以多元方式存在的一组智力。人至少有 8 项智能:1. 语文,2. 数理逻辑,3. 空间,4. 音乐,5. 肢体动觉,6. 人际,7. 内省,8. 自然观察(第 8 种为后来增加的),培养儿童的多元智能发展应该由小做起。多元智能理论告诉图书馆在未成年人服务中应该转变服务观念,放弃以单一语数能力和智力竞赛为核心的活动模式,更加全面地培养未成年人的智能发展。

2.2.2　维果茨基的最近发展区理论

维果茨基的研究表明,教育需要确定儿童发展的两种水平:一种是实际发展水平,另一种是潜在发展水平,最近发展区是指"儿童的实际发展水平与潜在发展水平之间的差距。前者由儿童独立解决问题的能力而定,后者则是指在成人的指导下或是与能力较强的同伴合作时,儿童表现出来的解决问题的能力"[2]。"最近发展区"主要就智力而言,但在儿童心理发展的各个方面都存在着"最近发展区"。图书馆可以围绕"最近发展区"设计活动,通过鼓励性活动让儿童看到成功的希望,获得前进的动力。

2.2.3　分级阅读理论

少年儿童在不同的成长时期,阅读性质和阅读能力是完全不同的。分级阅读理论产生于对少年儿童生理和心理特征的科学分析。按照未成年人不同年龄段的智力和心理发育程度为儿童提供科学的阅读计划,为不同孩子提供不同的读物,提供科学性和有针对性的阅读图书。分级阅读起源于发达国家,近年来我国教育界出版界大力推动分级阅读,产生了一批重要研究成果和分级阅读书目。国际上分级阅读标准有蓝思分级法、A—Z分级法和 DRA(阅读发展评价体系)、常识媒体评级等。图书馆应该根据分级阅读理论,针对不同年龄段的未成年人设计不同的服务。图书馆需要根据不同阅读年龄段设计不同的服务区间,配备不同类型的工作人员和服务设施,根据分级阅读书目采购阅读资源,按照分级阅读理论开展未成年人服务。同时,还应该从图书馆学的角度寻找图书馆开展分级阅读的理论支点和活动框架,通过图书馆里的分级阅读试验,发展与完善分级阅读理论。

089

3　儿童权利理论和公共图书馆理论

3.1　儿童权利理论

对于图书馆服务而言,儿童是图书馆的读者,儿童权利就是图书馆需要保护的读者权利。尽管儿童权利的边界超出图书馆学,或者说图书馆能够保护的儿童权利不能涵盖全部儿童权利的全部,但儿童权利却是图书馆服务和图书馆学基础理论不可忽略的理论问题。

3.1.1 儿童权利界定

儿童权利包括生存权,全面发展的权利,免遭有害影响、虐待和剥削的受保护权,全面参与家庭生活、文化生活和社会生活的权利。《儿童权利公约》确立儿童权利的四项原则是:①不歧视原则,即"每一个儿童都平等地享有公约所规定的全部权利,儿童不应因其本人及其父母的种族、肤色、性别、语言、宗教、政治观点、民族、财产状况和身体状况等受到任何歧视";②儿童的最大利益,即"涉及儿童的一切行为,必须首先考虑儿童的最大利益";③确保儿童的生命权、生存权和发展权的完整,即"所有儿童都享有生存和发展的权利,应最大限度地确保儿童的生存和发展";④尊重儿童的意见,即"任何事情涉及儿童,均应听取儿童的意见"。

3.1.2 儿童权利平等

根据儿童权利的基本要求,儿童有平等享有图书馆服务的权利。在《公共图书馆宣言》《图书馆权利宣言》等著名文件中都强调图书馆应该不分年龄对所有人提供平等服务,一个人利用图书馆的权利不得因年龄而被拒绝或削减。作为儿童权利平等的体现,公共图书馆必须对未成年人一视同仁,尽可能减少对于未成年人的服务限制。图书馆员应避免对儿童的阅读内容进行过多干预,特别是人为主观干预。除法律法规限制儿童接触的资源外,尽可能对儿童开放各类资源与服务。

3.1.3 儿童优先原则

《中国儿童发展纲要（2011—2020 年)》与此前的《中国儿童发展纲要》相比,是更加强调"全社会儿童优先意识"和儿童优先原则,将"促进儿童的全面发展和权利保护"作为儿童工作的主要任务。作为这一原则在图书馆管理与服务中的落实,就是公共图书馆除了需要遵守儿童权利平等原则,对儿童一视同仁、平等开放外,还需要考虑儿童优先原则。具体地说,公共图书馆在未成年人服务中必须考虑儿童心理与生理的特点,采取特殊的服务与管理措施,确保儿童优先享有图书馆服务的权利。在图书馆未成年人服务基础理论中引入儿童优先原则,将指导图书馆管理者在图书馆建筑设备、馆藏文献资源建设、人员配备、规章制度及图书馆服务理念等各个方面进行落实,优化未成年人服务。

3.2　公共图书馆服务理论

3.2.1　对全社会普遍开放

公共图书馆是对全社会普遍开放的图书馆。公共图书馆通过对全社会的普遍开放,保障全体公民获取知识和信息的自由,保障公民的文化权利。公共图书馆必须对所有人开放,包括对未成年人开放。公共图书馆的所有服务资源对全社会开放,这些资源有文献信息资源、场地和设施、智力资源,等等。公共图书馆对全社会普遍开放的理论,应该成为图书馆未成年人服务的理论基础的核心之一。

3.2.2　对所有人平等服务

公共图书馆对所有人一视同仁,平等服务。公共图书馆以免费服务为原则,以保证平等服务原则的落实。公共图书馆服务不能歧视儿童,也不因儿童的经济状况、身体状况或地域而有所歧视。公共图书馆是促进社会包容的场所,它鼓励属于不同社会群体的儿童在这个公共空间里增进相互理解,学会共存。对所有人平等服务和鼓励社会包容的理论是图书馆未成年人服务的理论基础的另一个核心,当前我国图书馆的未成年人服务,特别需要通过这一理论来提升服务水平。

3.2.3　消除弱势群体使用图书馆的障碍

近年来,公共图书馆在消除弱势群体儿童使用图书馆的困难方面做了很多,包括通过免费服务消除经济困难家庭儿童使用图书馆的障碍,通过建立和完善公共图书馆服务体系消除远离中心图书馆家庭儿童的障碍,通过残障人士通道和残障阅读设备消除残障儿童走进图书馆和利用图书馆的障碍,通过阅读推广和阅读辅导消除识字不多儿童利用图书馆的障碍,等等。图书馆学需要将实践中的这些做法上升为理论,并给予更有力的支撑。

3.2.4　缩小社会的信息鸿沟

网络时代,图书馆承担着缩小社会信息鸿沟的使用。因特网信息是人们工作、生活和精神生活所必需的,部分儿童因为家庭上网条件、本人上网技能等条件限制,无法获取因特网信息,导致儿童全面发展受阻。公共图书馆通过提供上网条件、网络资源和上网技能的辅导与培训,帮助上网困难儿童进入因特网世界,缩小信息鸿沟。缩小社会信息鸿沟是网络时代各国政策关注的社会问题之一。

4　核心理论资源

4.1　有关儿童权利的国际文件

4.1.1　《公民权利和政治权利国际公约》

该公约第二十四条明确规定对于每一儿童的未成年人地位的必要保护措施,不因种族、肤色、性别、语言、宗教、国籍或社会出身、财产或出生而受任何歧视。《经济、社会、文化权利国际公约》应为一切儿童和少年采取特殊的保护和协助措施,不得因出身或其他条件而有任何歧视。

4.1.2　《儿童权利公约》

是第一部全面对儿童权利进行保障并具有法律约束力的国际性约定。《公约》共有54项条款,实质性条款41条,涵盖了所有人权范围,保障儿童在公民、经济、政治、文化和社会中的权利,目前是联合国历史上加入国家最多的国际公约。《公约》中规定的儿童所应享有的四项基本权利中与图书馆联系密切的是发展权,图书馆能够为儿童精神、智力、品德、性格等各项因素的发展提供资源、服务、设备和环境等支持。《公约》的第二十七条、二十九条、三十一条的内容都有图书馆可以有所作为之处。如缔约国应该确认每个儿童均有权享有足以促进其生理、心理、精神、道德和社会发展的生活水平(第二十七条);最充分地发展儿童的个性、才智和身心能力;培养对儿童的父母、儿童自身的文化认同、语言和价值观、儿童所居住国家的民族价值观、其原籍国以及不同于本国的文明的尊重;培养儿童本着各国人民、族裔、民族和宗教群体以及原为土著居民的人之间谅解、和平、宽容、男女平等和友好的精神,在自由社会里过有责任感的生活(第二十九条)。其中与图书馆关系最为密切的是第三十一条,确认儿童有权享有休息和闲暇,从事与儿童年龄相宜的游戏和娱乐活动,以及自由参加文化生活和艺术活动,尊重并促进儿童充分参加文化和艺术生活的权利,并应鼓励提供从事文化、艺术、娱乐和休闲活动的适当和均等的机会。

4.2　两部重要的图书馆宣言

4.2.1　《公共图书馆宣言》

联合国教科文组织于1949年颁布,1972和1994年分别修订的一部宣言,目前由联合国教科文组织和国际图联共同颁布。该宣言向社会公众宣示了公共图书馆的基本理念和服务目标,其中许多内容指向公共图书馆的未成年人服务。如"公共图书馆应不分年龄、种族、性别、宗教、国籍、语言或社会地位,向所有的人提供平等的服务。还必须向由于各种原因不能利用其正常的服务和资料的人,如语言上处于少数的人、残疾人或住院病人及在押犯人等提供特殊的服务和资料"。"不同年龄的人都应该在图书馆中找到适合其需要的资料。藏书及各种服务必须包含各类必要的媒体形式和现代技术以及传统的资料"。[3]《公共图书馆宣言》所规定的公共图书馆 12 个使命(任务)中有 5 个与未成年人直接相关。

4.2.2　《中小学图书馆宣言》

1980 年国际图联通过,联合国教科文组织正式发布。宣言认为"中小学图书馆是保证学校对青少年和儿童进行卓有成效的教育的一项必不可少的事业,而学校的教育正是促进公民和国家之间建立和平与谅解关系的一种至关重要的因素",[4]充分肯定了图书馆对于未成年人的作用。宣言的对象是中小学图书馆,但对公共图书馆的未成年人服务具有一定指导作用。

4.3　四个重要的服务指南

4.3.1　《国际图联面向婴幼儿的图书馆服务指南》

指南中"婴幼儿"直译为婴儿和学步儿童,内容包括这一婴幼儿服务的使命、满足家有 3 岁以下儿童的需求、目标群体、服务的目标、服务、资料和选择准则、服务环境、网络、宣传、人力资源、管理和评估、经费及最佳实践(即案例)等。"指南的目的是帮助世界各地的公共图书馆在各自国家里实施高品质的儿童服务,指南的目的是既为训练有素的馆员,也为经验不足的馆员提供一种工具,使他们担负起为婴幼儿家庭服务的责任"。"图书馆服务对于婴幼儿的可用性至关重要。大脑的早期发展研究已显示,婴儿和学步儿童的说话、唱歌和阅读,对于他们获得演说和语言表达能力有明显的贡献。儿童的环境对于他们的前阅读能力的发展具有显著的影响"[5]。

4.3.2　《国际图联面向儿童的图书馆服务指南》

对于图书馆的儿童服务提出了要求,内容包括使命、满足儿童的需求、目标群体、服务的目标、经费、资料及选择标准、空间、服务、图书馆网络、宣传、人力资源、管理与评估。该指南发布了简体中文版。"对于世界各地的

093

儿童和他们的家庭来说,儿童图书馆服务从未像现在这样重要。培养获取知识和获得世界多样文化财富,以及获得终生学习和信息素养的能力已经成为当今社会的首要工作。好的儿童图书馆应能帮助儿童获得终生学习和信息素养的能力,使他们能够参与社会并为社会做出贡献。图书馆的服务应该与不断发展的社会相适应,满足儿童信息、文化和娱乐的需求,使每个孩子熟悉和乐于使用当地的图书馆,并拥有利用图书馆的一般技能"[6]。

4.3.3 《国际图联面向青少年的图书馆服务指南》

对于图书馆的"年轻成人"即青少年的服务提出了要求,内容包括图书馆服务的使命和目标、定义目标群体及其需求、资源、服务、社会合作、规划和评估、宣传推广及最佳实践(即案例)。"与青少年服务相关的图书馆的使命是帮助他们成功地由儿童过渡成人,通过提供资源的访问,及提供一个满足年轻人对于智力、情感和社会发展特殊需要的环境"。"图书馆为青少年提供服务,应当是以青少年的独特需求为基础的从儿童服务到成人服务的过渡性服务。青少年服务必须针对他们的教育、信息、文化和休闲需求。图书馆应该以愉悦的方式提供扫盲、终身学习、信息素养和阅读方面的服务"[7]。

4.3.4 《国际图联公共图书馆服务指南》

该指南的特殊意义在于声明了公共图书馆对于未成年人服务的责任。指南称,"通过提供大量的资料和举办各种活动,图书馆为儿童提供了机会,让他们能够体验阅读的快乐,受到知识和形象思维作品的鼓舞。必须让儿童和他们的家长学会如何充分利用图书馆,学会使用印刷和电子载体的技能。公共图书馆负有特殊的责任支持儿童学会阅读,鼓励儿童使用图书和其他载体的资料。公共图书馆还必须为儿童开展特别活动,如故事会以及其他与图书馆的服务和资源有关的活动。应该鼓励儿童从小就使用图书馆,因为这样就更有可能使他们以后一直成为图书馆的忠实用户"[8]。

4.4 国家图书馆行业组织宣言

4.4.1 ALA《图书馆权利宣言》

《图书馆权利宣言》是美国图书馆协会颁布的一部宣言,共6个条款。《图书馆权利宣言》强调图书馆保护读者权利的理念,是现代图书馆学的重要文献。为便于理解《图书馆权利宣言》,美国图书馆协会发布并经常更新《〈图书馆权利宣言〉解读》,其中多个解读条款涉及未成年人服务。包括:

《儿童和青年人对非印刷资料的获取》《在学校图书馆媒体项目中获取资源和服务》《未成年人自由利用图书馆》等,直接指导未成年人服务中应用现代图书馆理念的问题。

4.4.2　《图书馆服务宣言》

中国图书馆学会 2008 年 10 月颁布,包括一个导言和 7 个条款。《图书馆服务宣言》宣布中国图书馆人接受了对社会普遍开放、平等服务、以人为本的基本原则。该宣言虽然没有直接提及未成年人服务,但它提出图书馆要保障全体社会成员普遍均等地享有图书馆服务,消除弱势群体利用图书馆的困难,促进全民阅读,对指导我国图书馆未成年人服务具有重要价值。

参考文献

1　欧贤才.从埃里克森的早期人格发展理论谈学前儿童人格教育[J].教育探究,2006 (4)

2　麻彦坤,叶浩生.维果茨基最近发展区思想的当代发展[J].心理发展与教育,2004 (2)

3　UNESCO/IFLA.公共图书馆宣言[EB/OL].[2011 - 11 - 22].http://archive.ifla. org/VII/s8/unesco/chine.pdf

4　联合国教科文组织《中小学图书馆宣言》[J].中国现代教育装备,2004(8)

5　IFLA.Guidelines for Library Services to Babies and Toddlers.[EB/OL].[2011 - 11 - 22].http://archive.ifla.org/VII/d3/pub/Profrep100.pdf

6　IFLA.国际图联面向儿童的图书馆服务指南[EB/OL].[2011 - 11 - 22].http:// archive.ifla.org/VII/s10/pubs/ChildrensGuidelines-cn.pdf

7　IFLA.Guidelines for Library Services For Young Adults[EB/OL].[2011 - 11 - 22]. http://www.ifla.org/files/libraries-for-children-and-ya/publications/ya-guidelines2-en. pdf

8　国际图联/联合国教科文组织.公共图书馆服务发展指南[M].上海科学技术文献出版社,2002

公共图书馆宣传推广与阅读促进：
概念关系与叙述视角

李超平

Publicity and Reading Promotion of Public Libraries:
Conceptual Relationship and Narrative Perspective

Li Chaoping

摘要：本文以参与文化部组织的全国公共文化服务队伍培训系列教材的编写为背景，系统地阐述了公共图书馆宣传推广与阅读促进两个主题的概念关系，梳理了图书馆宣传、图书馆推广、图书馆营销等几个术语的概念范畴与相互关系，并对阅读促进的叙述视角和数字阅读的界定提出了自己的看法。

关键词：图书馆宣传推广，阅读促进，图书馆营销，数字阅读

Abstract：With the background of the training material writing on national public cultural service, this paper systematically demonstrates the conceptual relationship between publicity and reading promotion of public libraries, as well as the conceptual category and relationship among library publicity, library promotion, library marketing, ect. Furthermore, the paper proposes its own view about the narrative perspective of reading promotion and the definition of digital reading.

Keywords：library publicity, reading promotion, library marketing, digital reading

1　关于一本教材写作的背景

因为参与文化部组织的全国公共文化服务队伍培训系列教材的编写，我正式而系统地面对了这样两个主题——公共图书馆宣传推广和阅读促进。

就图书馆宣传推广而言，迄今为止，国内图书馆界没有这方面的专著和教材，这意味着，在国内的图书馆学专业教育体系内，这门课一直缺位。这除了专业教育不太愿意跟实际领域一一对应地设置课程体系外，也跟理论研究匮缺不无关系。另一方面，就图书馆的阅读促进而言，图书馆界对阅读的研究虽然一直在进行，且已有一定数量的文献问世，但这样的研究一直集中于"阅读学"，而很少从实务的角度去讨论，即很少讨论图书馆如何去促进社会阅读。所以，从某种意义上讲，编写这本教材的工作包含了相当多的学术研究的任务，因为我们不得不从整体上去构建一个在国内从未有过的、以一本教材为平台而搭建的有关公共图书馆宣传推广与阅读促进的内容框架。

李超平，浙江大学公共管理学院信息资源管理系，副教授。Email：mingzhiguwen@163.com

　　跟"图书馆宣传推广与阅读促进"这两个主题的结缘与我本人参与"中国图书馆学会志愿者行动——全国基层公共图书馆馆长培训"有关。在这项注定会在中国公共图书馆事业发展上留下深远影响的培训活动中,我自告奋勇地选择了这门课程的讲授,说句大话,不经意间就开创了一门在中国公共图书馆职业培训中的新课程。

　　2006 年开始搭建这门课程的内容框架的时候,真有"摸着石头过河"的感觉,尽管课讲完以后受到学员们的好评,对于他们的好评完全可以更冷静和客观地去分析——对于听课的学员来说,这是一个他们从未关注甚至也很少思考的问题,我的讲课至少给了他们一个全新的角度,但这不意味着我的内容框架的搭建是成功的。

　　一年又一年,我一直担任志愿者行动的这门课程的召集人,负责与其他几位担任同门课程的志愿者就这门课程的备课内容的修订、增补等进行沟通。就我个人而言,几乎每一年志愿者行动开始以前的一段时间,都会重新去审视过去的课件,然后进行修改。最大的感受是,从来没有对这个内容框架满意过,总是在不断地发现问题——逻辑关系上的问题、概念定义的问题、知识体系的问题、案例遴选的问题以及案例的价值评价问题等。

　　直到文化部这次组织编写教材,对于我本人,这既是一个机会,也是一个巨大的推动力——迫使我立即着手一个我心存很久的愿望:把这几年在志愿者行动中为讲课而积累的内容扩展成一本教材。

　　我和我的合作者首先要思考的问题是这本教材应该包含一个怎样的知识体系? 构建这一知识体系的依据应该是什么? 在反复的讨论、撰写和修改中,终于成就了一个我们暂时认可的教材大纲。总结起来,构建这本教材的知识体系的依据来自于这几个方面:(1)国内外有关图书馆宣传推广和图书馆营销的文献调研;(2)国内外相关领域(心理学、教育学、社会学、图书馆学等)有关阅读研究的文献调研;(3)公共关系学、新闻与传播学、社会学、现代营销学等相关领域的文献调研;(4)国内外公共图书馆界在宣传推广与阅读促进方面的实践。

2　两个主题:宣传推广与阅读促进

　　图书馆的宣传推广与阅读促进是一种什么关系? 这是我们首先要梳理的一个问题。在台湾图书馆界,他们把图书馆的那些除借阅、参考咨询等文献服务以外的相当部分业务内容,包括与阅读有关、不直接有关的各种读者活动,通称为图书馆推广。其中,就阅读活动而言,他们的理解是,所有这些围绕阅读而开展的活动,既是一种阅读推广,更主要的,也起到了推广图书馆及其服务的作用,因而被视为图书馆推广。在这套系列培训教材的编写工作会议上,当讨论到《公共图书馆宣传推广与阅读促进》这本教材的大纲时,有学者也持台湾方面的观点,即认为不必把它们分割成两部分,图书馆的活动不都是为了阅读吗？ 何不干脆就围绕阅读的推广来形成内容框架？ 但这个想法不能得到包括我本人在内的多数参会学者的赞同。公共图书馆的社会使命不仅仅只有阅读促进,此外还有传播知识与信息、支持终身学习、支持科学研究、传播和继承文化、提供休闲娱乐等方面。如果把公共图书馆的所有使命都简单化地视为阅读,这是对公共图书馆所承担的阅读促进这一使命的绝对化,不利于从业者、社会各界更准确地去理解公共图书馆存在的价值。

在最终确立的《公共图书馆宣传推广和阅读促进》的内容框架里,"宣传推广"是指对公共图书馆所有服务的宣传推广,其目的,一是为了提升公共图书馆的知晓度,改变社会各界、政府决策者和公共财政管理部门对公共图书馆的认识;二是促进社会各界对公共图书馆的利用。虽然阅读是最重要的利用方式,但它只是众多利用图书馆的方式之一,不足以构成对公共图书馆功能的全面体现。尽管在一本教材里由于两个主题的存在给写作带来一定的困难,但我们还是倾向于保留这种两个主题的结构。

3　几个关系:图书馆宣传、图书馆推广与图书馆营销

在形成大纲的过程中,绕不开的一个问题是:什么是图书馆宣传？ 什么是图书馆推广？ 他们之间是什么关系？

根据汉语的习惯,再根据实际操作中形成的对这两个词汇的理解,我们一开始的定义建立在这样一个概念范畴:宣传是舆论层面上的,推广则更强调为提升图书馆的利用率所采取的举措,即通过推广而提升了图书馆的利用总量。

通过文献调研我们发现,"推广"是一个使用广泛的术语,在很多领域都有"推广"一说,如产品推广、技术推广、成果推广、文化推广等。任何领域的"推广",虽然各有其诉求,但理念与方法等大同小异。

文献调研的结果,使我们开始否定先前对这两个概念的定义。因为从百度百科查得:从词义上说,推广,是使事情开展,即推开、推行、推动、推销;从概念上说,是指把自己的产品、服务、技术、成果、文化、事迹等通过传统的四大媒体(报刊、广播、电视、网络)进行宣传和广告,让更多的人和组织机构等了解、接受,从而达到普及和促进销售的目的。虽然网络百科工具不能作为正式的学术考证资源,但它至少给了我们一个启发,即推广一词中,已经包含了宣传这一要素,这与我们图书馆行业惯常的理解存在差别。如果我们仍然坚持从行业的约定俗成来定义概念,一方面会导致概念理解的局限性太大,另一方面如果与常识层面的词义相差太大会导致从业者在概念理解上产生混乱。

此外,与图书馆推广紧密相关的一个术语是"图书馆营销",这个来自于商业领域的概念在国外图书馆界已是一个广泛使用的术语,但我们不难发现,它并没有获得国内公共图书馆界的普遍认同。实践界的回避,源自于这样一种心结,即公共图书馆作为一个文化性的、公益性的社会服务机构,与"商业"存有天然的沟壑,如果以"营销"来主导它的运行,金钱的铜臭将污染它的圣洁。

实践界对"图书馆营销"这个概念的回避与没能即时得到理论研究的引导不无关系,并非国内图书馆学术领域没有开展相应的研究,实际上国内最早的学术论文发表于 1986 年,只是这一研究一直未进入主流学术领域。我们这一判断来源于几个现象;其一,主流学术刊物刊登的相关论文较少;其二,主流研究者也较少涉足这个领域;其三,国家社科基金从未资助过这类项目。值得一提的是,在吴建中先生主编的《战略思考:图书馆管理的 10 个热门话题》一书中,其热门话题之一就是图书馆营销,显示了吴建中先生作为理论家和图书馆管理者的国际视野和捕捉热门研究领域的能力。可惜,该书的出版仍然没有引发国内对这一研究领域足够的重视。

诚然,图书馆营销这一概念的确来源于面向企业界的管理学领域,但它并非是赶潮流的肤浅产物。在管理学领域,营销概念及其知识体系的建立给产品的设计、生产和销售带来了革命性的改变,正是因为它的成功,早在上世纪 70 年代,美国的营销学研究者就提出可以将营销的概念引入非营利性组织,以促进这些组织的社会知名度的提升和公众对它们的利用。70 年代中期以后,营销学学者与图书馆学学者共同研究了在图书馆领域建立营销概念的必要性和可能性,并逐步建立了相应的知识体系。在国外及台湾的图书馆学研究领域,相关研究已成绩斐然。当我们因为一个来源于管理学的术语而拒绝了一个研究领域的时候,实际上是拒绝了一种极其富于效力的管理理念与方法。

至上世纪90年代,图书馆营销研究在欧美国家大幅增长,研究内容从一般性的营销概念研究向营销方法研究逐步推进。对于整个图书馆界而言,图书馆营销不是一个简单的术语和观念的引进,它意味着从观念到方法甚至业务结构的全面改变与重组,当然,最核心的改变还是价值观的改变。"图书馆营销跟其他任何领域的营销一样,是在生产者与消费者之间的一种价值的交换"[1]。建立在这样的职业价值观之上的图书馆管理,不得不转变管理的立场,即从过去一味重视把图书馆管理好转变到如何提供给读者他们想要的服务方面来,以图书馆服务去交换公共财政的投入和其他支持。这无疑是一种全新的图书馆职业哲学,它强调一切业务活动以读者为中心,关心服务质量,重视运营的效率与效益,看重大众的权益与利益。

术语的回避,虽然代表着一种理念的隔阂,但在实际应用层面,公共图书馆并非完全不接纳来自营销学的理论与方法。比如也日渐重视用户需求调查,越来越多地倡导以用户为中心来改造业务流程,越来越重视服务项目的推广等,只是把相应的内容都视为"推广",在这种状况下,marketing在一定程度上似乎对应了我们惯常使用的"推广"一词。最明显的例子,是国际图联与联合国教科文组织共同发布的《公共图书馆服务发展指南》中,原文的 marketing and promotion 小节标题在国内出版的中文版里,就被翻译成"推广与宣传"。

尽管如此,由于没能全面引入营销的管理模式,因而现有的图书馆推广并不真正具备图书馆营销的整体特征。多年以前,在图书馆营销日渐热门的时候,澳大利亚一位专业图书馆员在深入研究以后得出结论,"尽管极少数的图书馆正在进行营销计划和制订营销计划,但通常只是应用了营销中的一个元素即推广"[2]。按照现代营销学理论,营销不是销售,也不是推广,而是"识别顾客的需求和欲望,确定某个组织所能提供最佳服务的目标市场,并且设计适当的产品、服务和计划方案以满足这些市场需要"[3]。对照营销学大师菲利普·科特勒对营销的定义,很显然就目前国内的公共图书馆界而言,与"营销"还相差甚远。

　　在梳理了这些概念以后,我们应该怎样来确定这一部分的主题和框架呢?"宣传推广"是命题作文,如果切换到图书馆营销,不仅说服本教材的组织机构很难,实践界恐怕也很难接受。如果采用"宣传推广"并视为与"营销"对应的概念,显然在学理上也站不住。我们最后无奈地放弃了图书馆营销而停留在宣传推广层面,仅仅把图书馆营销作为一种学术背景,适当在方法上予以关照。

　　最后,需要确定的是,到底选择"宣传推广"还是"推广"来作为这部分的标题?按照前文的分析,"宣传推广"存在概念交叉重叠之虞,在内容构架上很难处理二者的关系,鉴于此,我们曾经试图选择"图书馆推广",让"宣传"归属于"推广"这一概念之中。但是,与其他并不参与教材写作、但对这一领域比较关注的学者进行讨论时,大家觉得"宣传推广"是一个习惯性用语,一些公共图书馆还专门设置了"宣传推广部",再者,"宣传"也是一个实践界更容易理解和接受的用语,它突出了一种图书馆推广的方式,不妨还是尊重事实。斟酌再三,我们最终还是决定使用"图书馆宣传推广"这一习惯用语。

4　阅读促进:应该建立什么样的叙事角度

　　"阅读促进"是本教材的第二个主题,在架构内容框架时,如何摆脱一种流于经验层次的描述,是这部分内容能否出彩的关键。摆脱经验描述最有效的途径就是增加理论层面的内容,这就需要进入阅读学领域。阅读学研究是一个综合性的研究领域,其综合性表现在两个方面:其一是内容的综合性,既有个人阅读研究,也有社会阅读研究;既有阅读行为研究,也有阅读方法研究;既有阅读素材研究,也有阅读效果研究……其二是研究领域的综合性。由于阅读行为与阅读过程的复杂性导致了多个学科,有教育学、心理学、语言学、图书馆学、社会学等的介入,不同的学科按照各自的知识背景和专门方法开展阅读研究,形成了阅读学这一研究领域综合性的特征。在梳理各个学科的研究状况时,我们特别关注了图书馆学对阅读的研究。在一本美国学者的著述里,在追溯图书馆学的科学化运动中有关阅读研究的历史时,他确立的观察角度是"图书馆职业",这一点给了我们很大的启发。尽管阅读研究一直是国内图书馆学的一个热度不减的领域,但以图书馆职业为背景的研究却少之又少。要么是基于经典文献的阅读研究，要么是基于文化传承的阅读研究，要么是把"阅读学"作为一个整体叙事角度的研究。这些研究当然自有它们的价值，但仅就图书馆职业而言，却很难直接向职业活动输送理论营养，也很少直接回答职业活动中面对阅读方面的问题时如何寻找答案。

在将要形成的这本教材里，我们以公共图书馆职业为视角，确立了 4 个核心问题，它们是：①阅读推广是公共图书馆业务活动中永恒的主题；②公共图书馆阅读推广应定位于大众阅读；③公共图书馆阅读推广的重点人群是未成年人；④数字阅读是大众阅读新的生长点。

选择这 4 个问题来构架公共图书馆阅读推广的核心内容，跟近几年学术界广泛和深入讨论有关公共图书馆的社会使命、公共图书馆在保障公民阅读权益方面的社会机制、公共图书馆的公平、平等服务的理念等问题不无关系，同时，也考虑到社会环境的变迁对公共图书馆服务重点的影响等因素。在几年来的志愿者行动培训中，这样的内容架构得到了听课学员普遍的认同。

5　数字阅读:不应该回避的话题

数字阅读是图书馆界纠结了多年的一个话题，如何界定数字阅读？数字阅读给图书馆带来了或者即将带来什么改变？数字阅读对图书馆界是机会还是威胁？所有的问题似乎都没有答案。

本教材讨论公共图书馆的阅读促进，这不可能回避数字阅读。但面对一个界限不清晰、未来不确定、服务模式未建立的新天地，怎样提炼一个符合教材标准的内容结构？这的确是一个颇具挑战性的问题，因为教材编写的一个基本准则是避免尚未成熟的知识内容。

囿于这样一个现实，最终形成的内容只能是一个妥协的产物，即在一个可选择的知识范围内选择相对合适与合理的内容。我们认为它可以包括 3 个方面：其一，关于数字阅读的基本认识，包括一些较为明显的特征和变化趋势等；其二，数字化环境下公共图书馆变与不变的是什么，比如职业的基本价值观变不变？服务方式变不变？服务手段——这当然要变，那么从已经发生的变化来看，能否发现一些趋势？其三，面对数字阅读，公共图书馆的阅读促进怎么开展？作为从业者应该具备哪些专业知识和专业技能?

数字阅读的现状注定了这部分内容只能点到为止,甚至这个"点到"也是不全面的。在教材中提出一些可以思考和讨论的问题,对它们的深入认识或许可以在教学过程中去逐渐完成。

6　结语

到现在为止,我们的工作仅仅是完成了第一步——形成写作大纲。而当这个写作大纲一经完成,使作为作者的我们感到一种莫名的压力,因为我们面临着大量的原创性工作,也正因为如此,竟然也有几分期待,一种因为开创性工作而带来的兴奋与期待。说到对这本教材的展望,我希望能够形成一本"顶天立地"的教材。所谓"顶天",就是尽可能吸纳相关领域最新和最具权威性的理论和方法,使读者能够获得理论的收益;所谓"立地",就是要立足于图书馆职业的实践,能够用理论和方法去关照一个又一个鲜活的实际问题,使读者能够从中获得有实际功用的知识和技能。

当然,期待总是主观的,它能不能变成现实,还需要经过一个艰苦的过程,甚至还存在不能完成预期目标的风险。我能够有把握的,就是竭尽全力⋯⋯

参考文献

1　Darlene E. Weingand. Future – Driven Library Marketing [M]. Publisher:? ALA Editions. Year Published:1998

2　Larry X. Besant,Deborah Sharp. Libraries Need Relationship Marketing—mutual interest marketing concept, embraced by many companies, also needed by libraries [J/OL]. [2011 – 10 – 31]. http://findarticles. com/p/articles/mi _ m0FWE/is _ 3 _ 4/ai _ 61533802/? tag = content;col1

3　菲利普·科特勒.非赢利组织战略营销(第五版)[M].孟延春,译.北京:中国人民大学出版社,2003

103

城市公共图书馆发展思路之杂想

杨玉麟　张　叶

Thought on the Development of Urban Public Libraries

Yang Yulin　　Zhang Ye

摘要：就城市公共图书馆发展的一些问题提出自己的思考，包括：城市图书馆建设必须坚持地方政府的主导地位；城市总分馆体系建设模式应该提倡"因地制宜"和"八仙过海各显神通"；在基层图书馆建设的布点和规划上，改"以行政区划为依据"为"以服务人口为依据"；城市图书馆建设中应该充分发挥区图书馆的中心作用；树立省级图书馆研究型、示范性图书馆的办馆思路；城市里最好不要再设立独立建制的儿童图书馆。

关键词：城市图书馆，总分馆模式，区图书馆，省图书馆，少儿图书馆

Abstract：With the development and prosperity of public culture, the authors give some views on: The urban public libraries construction must rely on local government; the construction mode of central-branch system should advocate adjust measures to local conditions and each one show its special prowess; the construction of the basic-level library should be based on population instead of administrative divisions; the district libraries should play crucial role in the construction of urban public libraries; the province libraries should be of research and demonstration libraries; It's better not to set up children library individually in the city.

Keywords：urban public library, the mode of central-branch library system, district library, province library, children library

这些年来，笔者主要关注的学术领域是农村公共图书馆的建设和发展，很少去关注政治上的事情，许多中央的政策感觉到距离自己很远，也就没有能很认真地去学习和领会。然而，2011 年 10 月中旬举行的中共十七大六中全会通过的《中共中央关于深化文化体制改革，推动社会主义文化大发展大繁荣若干重大问题的决定》，不仅吸引笔者去认真地学习，而且还在不同的课堂上推荐所有的本科生和硕士研究生一起学习和领会。中央的战略决策，给中国公共图书馆事业的发展创造了一个前所未有的好的政策环境，提供了一个千载难逢的发展机遇。从这个意义上说，杭州图书馆《城市图书馆研究》学术期刊创刊所选择的时机恰到好处。

农村图书馆事业如何发展，以前已经做了一些思考和实践；本次应杭州图书馆邀请，将最近一段时间内关于城市图书馆发展的一些思路整理出来，供同行批评。这些思考，是断断续续的，彼此之间也缺乏逻辑上的关联，因而以"杂想"而命名。

杂想之一：城市图书馆建设，必须坚持地方政府的主导地位。

凡是知道现代公共图书馆产生和发展历史的人都应该知道，现代公共图书馆的公益性质，决定了地方政府应该是其建设的主体，特别是在中国现行文化体制下，更应该如此。

杨玉麟，西北大学公共管理学院，教授。Email：lisdep@ nwu. edu. cn
张叶，西北大学公共管理学院，在读硕士研究生。

所谓的政府主导,一方面是说地方政府必须依法承担起覆盖全社会的公共文化服务体系的建设责任,以满足全体市民的文化消费需求;另一方面是说地方政府必须在公共图书馆事业建设上提供具体的政策支持和财政支持。

但是,我们经常发现,有的地方政府在发挥其主导地位和作用方面,存在着一定的认识误区:一是只强调领导,不发挥服务职能;只下达指令和指示,不帮助公共图书馆解决实际困难。二是自觉不自觉地放弃了自己的主导地位,在公共图书馆服务体系建设过程中,任由图书馆孤军奋战,摆出一副"看热闹"的姿态,而一等中央有了最高决策,才又开始指手画脚、瞎指挥起来。比如,有的地方建立图书馆主分馆服务体系,地方政府就表现得相当被动与消极。三是不能很好地发挥地方政府宏观调控和协调组织的功能,只知道给文化主管部门下指令,没有能很好地调动财政、教育、宣传等部门的积极性。如此,要想单靠文化主管部门建设好城市图书馆,是很困难的事情。

还有一种情形,就是面对社会上不少热心公益事业的社会团体和个人针对图书馆建设所采取的自愿措施(比如援建基层社区图书馆、援建中小学图书馆、捐款捐书等),地方政府方面出现了以此作为推卸自己作为公共图书馆事业建设主体责任的想法与做法,而我们图书馆内部一些人也貌似有了"不靠政府也能办好图书馆"的糊涂想法。我以为,在任何国家,都必须以政府为公共图书馆的建设主体,同时欢迎社会力量积极参与图书馆事业的建设。

杂想之二:城市总分馆体系建设模式,应该提倡"因地制宜"和"八仙过海各显神通"。

建立覆盖全社会的公共文化服务体系,公共图书馆总分馆体系建设发挥着重要的作用。总分馆体系源自欧美,近年来在中国一些城市的实践已经越来越显示出强大的生命力。这种网状的图书馆形态,比起原先那种一级行政区划下设立单一的图书馆模式,无论从功能发挥上,还是服务范围、服务手段上,都更为灵活,更为机动,更能适应社会公众的需求。

在总分馆体系建设模式的选择上,我们当然希望所有城市都能采用佛山禅城区那样"最类似欧美做法"的"禅城模式"[1]。但是,在目前各地区社会环境存在不同差异的情况下,本着千方百计满足公众阅读需求、提供

105

高质量图书馆服务的目的,应当提倡各地区充分考虑到本地区的经济、历史、文化、教育等环境上的特点,本着"因地制宜"的理念,允许"八仙过海、各显神通",只要当地老百姓满意,图书馆就可以大胆地去实践。在总分馆体系建设模式上,我们可以做到"禅城模式",但同时我们也可以采用"苏州模式"、"嘉兴模式"、"杭州模式"等,甚至经济欠发达地区的"宝鸡模式"。

杂想之三:在基层图书馆建设的布点和规划上,改"以行政区划为依据"为"以服务人口为依据"。

长期以来,我们国家公共图书馆从国家图书馆、省级图书馆,到市级图书馆、县级图书馆,都是以行政隶属关系为基础而建立起来的图书馆管理体制,除了在一些地方还建设有独立建制的少年儿童图书馆外,几乎都是一级政府办一个图书馆,忽视了服务人口、布点环境等重要因素。这种公共图书馆建设体制的最大问题,就是无法把图书馆办成"老百姓身边的图书馆",无法满足每一个社会成员的图书馆阅读需求。

形成这种以行政隶属关系为基础、一级政府办一个图书馆的体制,有着复杂的社会背景和历史原因,要从根本上改变是很困难的。好在我们现在有了《公共图书馆建设标准》[2],有了总分馆体系,可以在我们图书馆力所能及的范围内去改变这种状况。起码,在分馆的布点和规划上,我们应该坚持以服务人口为依据。这样做的最大好处,就是能整合图书馆资源、提高图书馆资源的利用率,把原先看似遥远的图书馆真正变成"老百姓身边的图书馆"。深圳南山区对原来一百多个以社区(行政区划思想延伸的产物)为基础建设起来的社区图书馆按服务人口进行整合和规模上的缩小,就是一个成功的案例。

杂想之四:城市图书馆建设中应该充分发挥区图书馆的中心作用。

长期以来,大中型城市里的区级图书馆一直处在一个比较尴尬的地位,在一些地方的政府看来,属于可有可无。笔者所在的西安,属于国内一流城市,国务院已经批准创建"国际化大都市",可城区里的区图书馆一直处于名存实亡的状态,很大程度上影响了城市的形象,损害了市民的阅读权益。

笔者以为,在当今这种公共文化大发展大繁荣的时代,大型城市、超大型城市里的省图书馆、市图书馆和区图书馆,都有必要重新定位其社会地位和社会功能。在城市图书馆网络中,区级图书馆承上启下,应当扮演和发挥着重要的中心图书馆作用,承担本社区图书馆服务体系的组织者和服务者的角色。要做到这一点,地方政府要有一个清晰的城市经营理念,要有一个创建文化品牌的理念;而图书馆界也要有一个城市图书馆功能协调与分工的理念。深圳市各个区图书馆应该是不错的榜样。

杂想之五:树立省级图书馆研究型、示范性图书馆的办馆思路。

设想一下,如果一个省会城市里的市图书馆社会功能发挥得很好,能够提供市民高质量的阅读服务,同时又能充分发挥好本市总图书馆作用,组织起一个覆盖全市的总分馆服务体系,那么,作为同一个大型城市里的省级图书馆,以现有的功能要求和服务方式,将会处于一个比较尴尬的地步。

怎么办呢? 有学者提出省级图书馆或者一些大型图书馆应该办成"为精英服务的图书馆"[3],笔者不敢苟同。在办馆资源支持没有改变的情况下,依然使用的是与每一个社会成员息息相关的公共财政作为办馆的主要支撑条件,那么,省级图书馆的公共图书馆属性就不应该发生变化。

笔者以为,在事实上存在着一个与省会城市里的市图书馆竞争的环境下,省级图书馆应该走一条"研究型、示范性图书馆"办馆路线。

首先,不能放弃公共图书馆的属性,依然为社会公众提供公共图书馆应该提供的各项基本服务,而服务对象不仅仅是所在城市的市民,还应当包括本省所有的居民,以及所有进入图书馆大门的社会成员。

第二,向着研究型图书馆的方向努力,成为地区性文化遗产的保存中心,成为地区性的文献研究与开发中心、书目信息中心、文献信息资源共享中心、图书馆新技术研发中心、基层图书馆业务辅导中心和图书馆学学术研究中心。

第三,成为本省公共图书馆资源建设与服务的示范图书馆。省级图书馆要把服务范围始终定位在本省所有地区上,而其服务的主要内容和方式是开展对全省基层公共图书馆的业务指导与辅导,在图书馆资源建设和服务方面充分发挥示范作用。这是另一个意义上的延伸服务。

上海图书馆正在积极思考自身社会职能定位的问题,提出创办市民"共享文化空间",笔者以为是一种积极的探索。

杂想之六:城市里最好不要再设立独立建制的儿童图书馆。

有公共图书馆馆长告诉笔者,单独设立少儿图书馆,是国家有关文

107

件[4]规定的;也有在少儿图书馆工作的同行与笔者交流,论证只有专门设立的少儿图书馆才能为广大少儿读者提供专门的、有针对性的服务;还有的同行告诫笔者,欧美国家也都有许许多多的少儿图书馆。

笔者再次提出在城市里最好不要再设立独立建制的儿童图书馆,主要有这么一些想法:

首先,笔者不是要否认国内现有那些少儿图书馆同行的工作成绩,相反在讲课中也经常举出深圳少儿图书馆、温州少儿图书馆的先进事例作为图书馆服务理念与实践的典型。

其次,笔者是想从理论和实践两个方面,来论证不单独设立少儿图书馆观点的合理性。第一,公共图书馆的读者范围本来就包括少年儿童在内,不应该人为地把少年儿童阻挡在公共图书馆大门之外;第二,公共图书馆,特别是基层图书馆,其主要读者本身就是老年读者和少年儿童读者,而且配合学校教学、帮助少年儿童完成家庭作业,本身也是公共图书馆"开发智力资源"的社会功能所在;第三,尽管为少年儿童提供专门化服务的初衷是好的,但从公共资源的使用上看,单独设立少儿图书馆多少不尽合理。

最后,笔者想告诉国内少儿图书馆的一些同行,只要管理得当,不单独设立少儿图书馆,由附设在公共图书馆内的少儿阅览室(欧美国家、港澳台地区也称之为某公共图书馆里的"少儿图书馆")完全可以提供专门针对少儿读者的高质量服务。

参考文献

1　于良芝,邱冠华,许晓霞.走进普遍均等服务时代:近年来我国公共图书馆服务体系构建研究[J].中国图书馆学报,2010(2)

2　建标108—2008.公共图书馆建设标准[S].北京:中国计划出版社,2008

3　带着把破伞云游四方的孤僧.关于精英图书馆[EB/OL].[2011-10-28].http://blog.sina.com.cn/s/blog_4c725fcc0100y3yz.html

4　文化部关于进一步加强少年儿童图书馆建设工作的意见[EB/OL].[2011-10-28].http://www.gov.cn/zwgk/2010-12/14/content_1765361.htm

城
市
公
共
图
书
馆
发
展
思
路
之
杂
想

城市图书馆研究　2012 年第一卷第一辑　　Journal of Metropolitan Library　Vol.1 No.1　2012

济南市汽车流动图书馆创建与服务

郭秀海

Innovation and Service of Automobile Library in Jinan

Guo Xiuhai

摘要：本文简述了创建汽车流动图书馆的过程和做法，并概述和分析了其创新点，以及应用效果和在公共文化服务体系中的重要作用。

关键词：汽车图书馆，流动站，图书馆服务

Abstract：This paper briefly describes the creation process and practice of automobile library in Jinan, as well as analyzes its innovation points, application effect, and the positive role in public cultural service system.

Keywords：automobile library, roving station, library service

为进一步完善公共文化服务体系建设，拓展图书馆的服务功能，推动公共文化服务进企业、进农村、进学校、进军营、进社区"五进"活动的开展，传播优秀文化信息资源，在市委宣传部的大力支持下，济南市图书馆于 2006 年创建了"全国先进，省内一流"的汽车流动图书馆——济南市流动图书馆，并于 2006 年在中国重汽集团章丘研发基地隆重举行了文化共享工程走进中国重汽暨济南市流动图书馆启动仪式。2009 年，该项目荣获"山东省文化特色服务品牌"称号。

1　总体构思

汽车流动图书馆是图书馆延伸服务的重要组成部分。该项目以客车为载体，选用苏州金龙汽车进行内部改装。车内设置了借阅服务台，共享工程专用服务台，配置了 6 台笔记本电脑、打印机、投影仪、条码阅读器、监控录像、专用书架和便于携带的折叠式桌椅等，可载图书、期刊 4000 余册，并根据流动图书馆的服务特点，同时采用现代无线通信技术和网络技术，将文化信息资源迅速地传送到各地，从而实现了文化信息资源共享效益的最大化。

郭秀海，济南市图书馆，馆长，研究馆员。

Email：gxh516@163.com

随着济南市公共文化服务体系建设的不断加强和各项免费服务措施的开展,"流动图书馆"将服务触角延伸到了济南周边城区和广大社区。从 2006 年开始,截至目前,济南市流动图书馆已建立馆外服务点 30 个,服务面延伸到济南市社区、企业、部队、劳教所、农村等,为市民、政协、人大两会代表以及弱势群体、特殊群体提供了直接服务。几年来,济南市流动图书馆开展活动 600 多次,借阅图书、期刊 8 万余册次,受众达 12 万多人,初步形成了以济南市图书馆为中心,以汽车流动图书馆为纽带,以基层服务点为终端的三级文献信息服务网络。

2　服务创新点

该项目在借鉴国内外先进图书馆流动服务车的基础上,在理念、技术手段、管理、服务等方面都有所创新。

一是理念创新。以拓展图书馆服务功能,共享文化信息资源为设计初衷,将构建公共文化服务体系建设,"公益、开放、均等、便捷"4 个要素作为服务特色,将信息资源、设备资源、人力资源、管理规范等各种资源整合,以实现面向基层,服务大众,共享文化信息资源的目标。

二是技术手段创新。该项目除了安装了开放式书架,配备了活动式阅览桌椅等设施外,还配备了笔记本电脑、投影仪、监控录像等先进设备。使用 Interlib 图书馆集成自动化管理系统,并采用无线上网等现代化技术手段与中心图书馆互联,实现图书、期刊通借通还,可在企业、农村、社区、学校、部队等基层单位和汽车可达的场所,为读者现场办证、借阅书刊以及查询、下载信息等,向读者提供全方位的便捷服务,具备了现代图书馆的主要服务功能。

三是管理创新。首先在业务自动化管理方面,与中心图书馆自动化管理系统对接,便于集中管理、同一平台、掌控信息、凸现特色、共享资源。其次,建立了流动服务体系,设立流动服务专门书库,由职能部门具体负责分馆、汽车流动图书馆、基层服务点的管理。各种资源统一管理、统一配送、合理利用,最大限度地发挥作用。第三,服务规范标准化。制定相应的规章制度,如管理条例、借阅规则、目标责任等,使服务形式、工作模式、服务态度等进一步规范落实。第四,专业人员得到锻炼。读者需求变化、服务场景的变化,对服务人员提出了新的更高要求。进一步加强了专业人员培训力度,使流动图书馆服务人员的整体素质和业务水平不断得以提升。

　　四是服务创新。服务形式方面,除提供传统意义上的书刊借阅外,还可浏览阅读、下载打印网上的信息资源,利用网上图书馆,欣赏共享工程名家讲座、经典电影播放、举办各种展览、开展读书活动等。服务形式多样化,使文化传播范围更广、服务力度更大。

3　应用效果

　　济南市流动图书馆运行 5 年来,已先后到社区、企业、部队、农村、机关及公共场所等送书开展活动 600 多次,借阅图书、期刊 8 万余册次,受众达 12 万多人,办理借书证 6000 多个,同时举办了讲座、展览、经典电影播放等活动。流动图书馆的创办,极大地拓展了服务范围,丰富了基层广大群众文化生活,为全民阅读活动的开展提供了平台,受到社会各界广泛好评。流动图书馆被市民誉为"身边的大书房"、"流动的电影院"。

　　济南市图书馆在已建分馆、流动服务站 39 个的基础上,流动图书馆又开辟了 30 个服务点。目前,济南市图书馆流动服务范围涉及学校、企业、部队、农村、机关事业单位等各个层面,在满足读者阅读需求,开展全民阅读活动,充实市民文化生活,构建和谐社会,提升城市文化品位等方面发挥了越来越重要的作用。

　　济南市流动图书馆的创建与服务,进一步完善了服务网络,提高了公共文化服务能力,进一步拓宽了服务广大群众的渠道。利用流动图书馆定期或不定期地开展上门服务活动,满足人民群众的文化需求,缓解了群众"看书难"、文化生活单调的问题。在构建公共文化服务体系,保障广大人民群众文化权益方面,满足群众不同层次的文化需求,缩小城乡文化发展差距,丰富广大群众精神文化生活,建设社会主义新农村,构建和谐社会等方面,发挥了重要作用。

参考文献

1　邱冠华.四位一体:构建农村公共文化信息服务体系建议[J].图书与情报.2010(5)
2　马晴云.共享工程与流动图书馆相结合服务模式的探索[J].图书馆学研究.2011(1)

111

城市图书馆研究 2012年第一卷第一辑   Journal of Metropolitan Library   Vol.1 No.1   2012

图书馆志愿者活动的认识误区辨析

金武刚

Discrimination and Analysis on the Cognitive Misunderstandings in Library's Volunteer Activities

Jin Wugang

摘要：图书馆志愿者活动越来越普及，为图书馆与社会之间架起了特殊的沟通桥梁，起到了独特作用。但是，人们对图书馆志愿者活动的功能与角色等还存在一定的认识误区。本文从图书馆志愿者活动的目标定位、图书馆志愿者的岗位设置、组织图书馆志愿者活动的性质等不同维度，对图书馆志愿者活动展开讨论，以期勘误匡正，帮助人们正确认识和管理好、开展好图书馆志愿者活动。

关键词：图书馆志愿者,志愿者功能

Abstract：Library volunteer activities are becoming increasingly popular in China. However, the roles that volunteers play in the library and the types that people are looking to volunteer in library have changed and are still changing. There are still some misunderstandings on library volunteer activities. This paper discusses on carrying on volunteers activities so as to make the corrections and help public library staff recognize and manage library volunteers from aspects of the aim orientation, position setting, characteristic of library volunteers activities organizing and etc..

Keywords：volunteers in library, role of library volunteers

1 引言

倡导和吸引市民作为志愿者参加图书馆服务工作，是一种符合城市特点的志愿者服务社会的实现方式。因为这样的活动一经开展，市民就要走进图书馆，了解图书馆，在志愿活动的过程中不断认知图书馆，在服务奉献的同时逐步领悟图书馆。图书馆的公众认知程度、图书馆服务理念的社会认同，是图书馆事业得以可持续发展的根本动力。因此，开展图书馆志愿者活动，一方面让广大市民走进图书馆提供服务工作，为社会公众提供了一种奉献社会、服务他人的场所和平台，另一方面也加强和凸现了图书馆作为社会主义精神文明建设载体的功能，同时对提高图书馆服务的效率、提高图书馆与广大市民互动、在全社会倡导公众参与城市公共事务建设的民主意识等都具有积极意义。

图书馆界很早就认识到了志愿者活动的重要性。国际图联在《公共图书馆服务指南》《儿童图书馆服务发展指南》中，就列举有志愿者支持和参与举办各类活动的案例；在《青少年图书馆服务发展指南》中更是明确指出"高质量的青少年图书馆服务需要一个与社区内其他专业或志愿者机构组成的良好网络体系"，"为获取最新的信息和洞悉新近出现的社会问题，需要建立一个由专业人员、志愿者、父母和给予图书馆支持的人士所组成的网络"[1]。

金武刚，华东师范大学商学院信息学系，副教授，北京大学信息管理系在读博士生。Email:wgjin@ infor. ecnu. edu. cn

中国图书馆界也很早就开始尝试志愿者活动。2002年，北京市人大通过的《北京市图书馆条例》，明确提出"倡导志愿者参加图书馆（室）的服务工作"。把图书馆志愿活动直接写进法律，这在世界范围内的图书馆法当中，都是独具特色的[2]。2008年，中国图书馆学会发布的《图书馆服务宣言》，公开声明"图书馆欢迎社会各界通过资助、捐赠、媒体宣传、志愿者活动等各种方式，参与图书馆建设"[3]。2011年，经文化部、国家质量监督检验检疫总局、国家标准化管理委员会批准，作为国家标准正式颁布实施的《公共图书馆服务规范》，也含有志愿活动的条款——"公共图书馆应导入志愿者服务机制，吸引更多图书馆工作人员和社会公众加入志愿者队伍"[4]。

然而，不少图书馆对志愿者活动的目标定位、志愿者的岗位设置、组织志愿者活动的性质等方面，还存在着一些认识误区，导致了一些图书馆志愿者活动效果并不尽如人意，在有意无意中伤害了志愿者的积极性，甚至演变成为图书馆的额外负担，最终损害了图书馆事业的健康发展。因此有必要加以适当的辨析。

2　定位误区：志愿者"弥补图书馆人员的不足"，成为"免费劳动力"

图书馆引进志愿者活动的目的是什么？作用是什么？不少图书馆认为志愿者可以"弥补图书馆人员的不足"[5]。图书馆引入志愿者，开展志愿服务活动，很大程度上抱着"弥补图书馆人员的不足"的初衷，这本无可厚非。但如果把志愿者作为"免费劳动力"，用来"顶替"原有图书馆员岗位，完成图书馆员本应完成的"分内"工作，就会变相地成为图书馆员的额外"福利"——匀出一部分工作让志愿者完成，从而减少图书馆员原有工作量、增加休息时间等，这就彻底把图书馆志愿活动"庸俗化"了。一方面养成了图书馆员的"惰性"，另一方面也对志愿者造成了一定的伤害，这对图书馆事业的健康发展有百害而无一利。

我们知道，图书馆，特别是公共图书馆，是由政府举办的面向社会公众免费开放的公益性基础设施。每个图书馆的规模多大，需要配备多少馆员，完成多少工作量，都有测算依据和行业标准的，可以参照《公共图书馆建设标准》等加以执行[6]。国家有关部委制定的各类政策，如《文化部、财政部关于推进全国美术馆公共图书馆文化馆（站）免费开放工作的意见》

113

《财政部关于加强美术馆、公共图书馆、文化馆（站）免费开放经费保障工作的通知》等，都明文规定，设立专项资金用于支持公共图书馆的免费开放。这就是说，图书馆开展基本服务的人员、经费等，政府已经提供了最基本的保障。如果图书馆因情况特殊，确实存在着基本服务方面提供不足的困难，应该通过其他渠道和方式加以妥善解决，而不是转嫁给志愿者，简单利用"免费劳动力"来勉力维持。

图书馆利用志愿者开展服务活动，更多地需要考虑如何开展个性化服务、多样化服务，如何提升图书馆的服务质量，如何争取更多的社会公众支持。图书馆应根据志愿者的知识背景、兴趣和特长等，经过适当规范和培训后，为读者提供更多的特色服务。如为未成年人讲故事、为儿童提供分级阅读服务等，都需要掌握儿童心理和专业知识，熟知与儿童交往的基本礼仪等。由专业人士充当志愿者提供这些服务，图书馆员通过观摩学习，可以在很大程度上弥补原有知识储备的不足，可以快速提高服务技能，从而为读者提供更好的专业服务。其他的如教授手工、鉴赏音乐、为特殊人群提供特殊服务等，都有类似的效果。总之，志愿者提供的服务，更多的应该是"增量"服务，促进的是图书馆服务质量提高、服务范围拓展，而不只是局限于图书馆员原有分内工作中的一部分。

最近，广东外语外贸大学图书馆试水"真人图书馆"，把校长作为第一本"真人书"，供学生"借阅"一小时。虽然第一本书正好是校长，但与"校长有约"不同的是，"真人图书馆"谈论的话题只涉及学术和人生经验的分享，不涉及学校一些管理投诉，只是单纯"书"和读者的交流。"真人图书"活动细则要求充当"图书"的人必须自愿和免费，这本质上就是一次别开生面的图书馆志愿者活动[7]。该活动经媒体广泛报道后，取得了较好的社会反响，也为公共图书馆开展志愿者活动带来新的启示。

图书馆所在之地，往往也是各类人才的集聚场所。其中不乏自愿、不计报酬为社会提供志愿服务的各行各业专业人士。图书馆可以根据读者的实际需要，制定相应的志愿者活动规划，有计划有组织地邀请志愿者进入图书馆，为读者提供专业化的服务，从而在创新图书馆服务，提高读者满意度的同时，也为图书馆员提供更多的学习机会，开拓其视野，提高其技能，最终带动图书馆服务水平的提升，促进图书馆事业的发展。

3　定岗误区:志愿者经过简单培训,可以担当"馆内引导"

志愿者进入图书馆后,图书馆提供或设置什么岗位让其提供服务?怎样既能符合志愿者本身的能力水平又能符合图书馆满足读者的需求?不少人认为,图书馆的日常管理岗位,是志愿者经过简单培训后就能胜任的。如书刊管理,帮助老年人、未成年人、残障人士利用图书馆资源,承担外语、艺术、计算机等各类培训和活动策划、主持工作,心理咨询辅导、会务、多语种翻译、数据录入、资料加工等[8]。尤其像"馆内引导",给一些没有太多工作经验的青少年提供志愿服务岗位,似乎是一个极易且可行的岗位[9]。

这不仅仅涉及志愿者工作岗位的设置问题,实际上也是对图书馆日常工作岗位职责的再认识问题。就以"馆内引导"这一岗位职责要求为例,馆内的指引、向导,似乎只要经过简单的快速培训,让志愿者熟悉一下馆藏分布、熟悉一下图书馆信息检索系统后就可以胜任的。

然而事实上,图书馆,特别是公共图书馆,"馆内向导"的重要性却异乎寻常。作为公众来讲,进入图书馆第一个最有可能的接触者,就是馆内引导人员。引导人员的言语和举止,是留给公众的第一印象,引导人员的素质和能力,往往也是定格在公众脑海中的图书馆基本形象。

因此,馆内引导,不仅是图书馆建筑内部的导航者,也是图书馆的公共关系代言人;不仅是"智多星",而且还是"全能达人"。因为馆内引导人员需要承担着类似"首问责任人"的角色:遵循热情主动、文明办事、服务规范、及时高效的原则;认真解答读者问题,现场办理相关事务;不在授权范围内的事务,能够及时将读者引荐到相关部门办理;若经办人不在,还应与其联系,若联系不上,需要将读者的要求和联系方式记录下来,随后再移交给经办人,并及时向读者反馈相关信息;读者咨询或办理事项不属于图书馆职能范围内的,应当耐心解释,并尽己所能给予指导和帮助等等。

承担这样角色的馆内引导人员,需要有坚定的现代图书馆服务理念和良好的沟通技能,需要熟悉图书馆的相关政策与各类规章制度,需要了解图书馆的全部业务流程,需要熟知馆藏资源与分布情况,需要熟练掌握图书馆信息检索系统,需要了解图书馆各工作部门职责和工作人员的基本情况,等等。这些要求,即便对于图书馆内的专职工作人员来讲,都有可能难以胜任。

如果将工作经验匮乏、只经过短暂培训了解一些图书馆基本情况的志

115

愿者,摆到馆内引导的岗位上,极有可能遭遇这样的情形:志愿者对读者所提问题,无法全面回答或者解释清楚,转而向其他图书馆员寻求帮助,或者婉拒读者的合理要求。如此一而再、再而三,一方面造成了读者的需求得不到及时满足,降低他们对图书馆服务的满意度;另一方面,志愿者因为无法提供令人满意的服务,自我挫折感增强,志愿者服务的积极性也会随之降低;与此同时,图书馆员也有可能会觉得志愿者是"摆设",解决问题的能力"差强人意",图书馆搞志愿活动是"凭空添乱",是额外的"负担"。这种"三败俱伤"的局面,于图书馆事业而言,只有伤害。

因此,图书馆在设定志愿者服务岗位时,既要充分考虑志愿者岗位的特殊性,对志愿者进行必要的岗前培训和在岗培训,另一方面也要充分考虑志愿者本身的能力和特长,结合图书馆服务的特点,为其安排最合适的岗位,在充分发挥志愿者的聪明才智的同时,也能给图书馆带来利益的最大化,服务好读者,实现"双赢"。

4　定性误区:志愿者提供的服务是免费的,随时可以开展志愿活动

"自愿、利他、无偿"是志愿者的精神,即志愿者提供的服务是免费的。但是,志愿者活动的组织是有成本的,包括人力、物力和财力。若使志愿者活动效果最大化,图书馆还需要站在全局的角度来审视、规划、组织、实施,将志愿者活动嵌入到图书馆业务活动中,成为吸引公众进入图书馆、展示图书馆服务的系统工程中的一部分,而不是简单、草率、想当然地开展图书馆志愿者活动。

从公共关系与宣传推广的角度来看,图书馆,特别是公共图书馆,每次举行志愿者活动,都是向社会公众展示图书馆、宣传推广的绝好机会。不仅是面向志愿者,而且是面向社会大众。可以借助各类媒体,不断扩大图书馆的影响力。如举办作家与读者的见面会,推进社会阅读活动;举办公益讲座,普及科学文化知识;培训农民工计算机操作技能,提高全民信息素养;辅导放学后孩子的功课,促进社会和谐;等等。图书馆需要站在主导者的地位上,运筹帷幄、精心策划、关注细节,把每次的志愿者活动,看作向社会公众宣传推广图书馆的重要契机。

虽然我国还没有国家层面上的志愿者服务活动方面的法律规范,但从现有志愿服务的十几个地方性法规,如《杭州市志愿服务条例》《上海市志

愿服务条例》《深圳市义工服务条例》等来看,几乎都要求志愿服务对象或志愿者组织,为参加服务的志愿者提供开展志愿服务所必需的专项服务培训和必要的物质保障,购买相应的人身保险等。图书馆作为志愿者活动的接受方,适当提供志愿者的用餐补贴、交通补贴等,提供专业的服务培训、相应的物质保障等,均属合情合理之举。

另外,志愿者活动的动力机制可以由经济学理论(如市场—政府双失灵论、契约失灵论等)、社会学理论(社会—文化—政治资本论、信仰论—责任感论、新制度主义等)和政治学理论(民间组织比较优势论等)来加以解释,而公众在参加志愿者活动,在奉献时间和才智的同时,也有相应的"收益"。正如美国国家和社区服务机构(Corporation for National and Community Service)所宣称的,"从事志愿者活动的最大收益就是在通过无私的服务让所在社区和国家变得更加美好的过程中所获得的成就感"[10]。图书馆作为志愿者活动的接受方、受益方,有责任、也有义务去维护志愿者的积极性,让志愿者在奉献服务过程中有所收获。因此,图书馆在开展志愿者活动之前,需要有计划地组织志愿者培训,提高解决问题的能力,掌握图书馆服务的相应技能;在活动过程中,定期或不定期提供交流机会,共享服务经验,提升服务水平;在活动结束后,要及时组织总结、表彰,固化志愿者活动经验等。

上述所讲内容,要有所保障,都需要一定的人力、物力、财力的投入。图书馆作为全额拨款事业单位,特别是公共图书馆,自2011年起引入志愿者服务机制已经成为国家标准,这就需要图书馆进行通盘考虑,积极争取政府支持和社会资源投入,在财政预算中设立专门类目,用于开展图书馆志愿者活动。

在图书馆志愿者活动中,图书馆应始终占据主导地位,以现代图书馆核心价值观为指导,周密部署,精于组织,将每次的志愿者活动举办得有声有色,从而真正有利于推进图书馆事业的顺利发展。

5 结语

117

当前,党和国家正在大力推动社会主义文化大发展大繁荣,也特别重视志愿者队伍建设。刚刚闭幕的党的十七届六中全会指出,"推动社会主义文化大发展大繁荣,队伍是基础,人才是关键",明确要求,"壮大文化志愿者队伍,鼓励专业文化工作者和社会各界人士参与基层文化建设和群众文化活动,形成专兼结合的基层文化工作队伍"[11]。这与《国民经济与社会发展十二五纲要》中要求的"广泛开展志愿服务,建立完善社会志愿服务体系"[12],《国家公共文化服务体系示范区(项目)创建工作方案》中要求的"建立公共文化专业人员的资格要求和聘任制度,公共文化专业人才、志愿者、业余文化骨干三支队伍健全"[13]等等,都是一脉相承的。

作为图书馆,特别是城市中的公共图书馆,在充分领会党和国家政策精神的前提下,利用政府提供的各项有利条件,积极吸纳社会资源,乘势而上,有计划有组织地开展图书馆志愿者活动,推进图书馆服务的多样化与个性化,不断提升图书馆服务质量水平,不断拓展图书馆服务范围,让图书馆成为社会公众人人喜爱的"市民大书房",从而最终有利于图书馆事业的健康发展。

参考文献

1　The International Federation of Library Associations and Institutions (IFLA) [EB/OL]. [2011 - 11 - 22]. http://www. ifla. org/VII/s10/pubs/guidelines-cn. pdf

2　李国新. 中国图书馆法治建设的成就与问题(上). 图书馆建设[J],2004(1)

3　图书馆服务宣言. 中国图书馆学报[J],2008(6)

4　公共图书馆服务规范. 中国图书馆学报[J],2011(3)

5　陈永娴. 图书馆志愿者管理相关问题探讨[J],图书情报工作,2005(12)

6　李国新. 公共图书馆规划与建设标准解析[M]. 北京:国家图书馆出版社,2009

7　大学图书馆不只借书还借人[N]. 南方都市报, 2011 - 11 - 02

8　沈艺红. 谈公共图书馆志愿服务——以广州图书馆为例[J]. 四川图书馆学报,2011(2)

9　韩芸. 图书馆志愿服务管理研究[J]. 中国图书馆学报,2008(2)

10　Corporation for National and Community Service [EB/OL]. [2011 - 11 - 22]. http://www. nationalservice. gov/about/volunteering/benefits. asp

11　中共中央关于深化文化体制改革推动社会主义文化大发展大繁荣若干重大问题的决定[N]. 人民日报,2011 - 10 - 26

12　中华人民共和国国民经济和社会发展第十二个五年规划纲要[EB/OL]. [2011 - 11 - 22]. http://news. xinhuanet. com/politics/2011 - 03/16/c_121193916. htm

13　国家公共文化服务体系示范区(项目)创建工作方案[EB/OL]. [2011 - 11 - 22]. http://www. mof. gov. cn/mofhome/gp/jiaokewensi/201102/P020110214544480082885. doc

论图书馆开展全民阅读的新视野

金胜勇　王剑宏　李雪叶

The New Visions for National Reading Conducted by Library

Jin Shengyong　Wang Jianhong　Li Xueye

摘要：开展全民阅读活动意义重大,面向特殊群体的阅读推广活动是全民阅读推广活动的一个重要组成部分,特别是中小学生、监狱服刑人员、医院患者和部队官兵等特殊群体的阅读推广活动有利于提高其文化素质,促进社会信息的公平,推动和谐社会的构建。

关键词：全民阅读,特殊群体,图书馆

Abstract：Promoting national-wide reading activities has great significance. Special groups reading promoting activity, especially the reading promoting activities for primary and secondary students, criminals serving jail term, hospital patients and army officials and soldiers, will be conducive to improve their cultural quality and facilitate the social information fair as well as build a harmonious society.

Keywords：national reading, particular groups, library

1　引言

全民阅读水平是衡量一个国家社会文明程度的重要标志,阅读能力的提高直接影响到一个国家和民族的未来。开展全民阅读活动,在全社会营造浓郁的读书氛围,不仅对个体阅读会产生积极的影响,更重要的是有利于激发全体人民的学习热情,对提高全民族的阅读水平有着至关重要的作用[1]。开展全民阅读活动,是提高国民素质、促进文化建设,增进社会和谐的重要举措。全民阅读活动,是面向所有社会民众开展的活动,既包括社会大众,也包括一些特殊群体,例如中小学生、监狱服刑人员、医院患者、部队人员等。

2　针对中小学生的阅读推广活动

从目前河北省乃至全国的阅读活动实践看来,图书馆更多的是面向中小学生这一特殊群体展开的阅读服务。中小学生作为特殊群体对全民阅读推广活动的开展具有重要意义。

金胜勇,河北大学管理学院,图书馆学系主任,教授。Email：jsy3218@126.com

王剑宏,河北大学管理学院,在读硕士研究生。

李雪叶,河北大学管理学院,在读硕士研究生。

2.1　意义

2.1.1　有助于中小学生的健康成长

中小学生的健康成长需要得到全社会的呵护,少年儿童正处于求知明理阶段,心智也处于成长的过程中,个人兴趣尚未成型,求知欲旺盛,可塑性大,是人生中读书学习的黄金阶段,也是培养整体文化素质以及健全人格的重要阶段。但他们年龄尚小,社会阅历浅,鉴别能力差,控制能力不强,缺乏自主阅读及选择图书的能力,又缺乏正确的阅读方法[2]。特别是现如今,由于数字电视和电脑普及和一些电子游戏厅、网吧等娱乐设施的建立,以直观、生动、丰富的信息刺激着中小学生的精神世界,导致很多中小学生沉迷于电视剧和网络游戏中,另外由于一些出版商盲目追求商业利益,用粗俗和低劣内容迎合青少年好奇心理,这些良莠不齐的信息媒介与中小学生的健康成长息息相关,急需社会对他们进行课余阅读指导,为少年儿童选择正确有益的图书,引导阅读和帮助学生掌握知识的方法。

2.1.2　有利于加强中小学生素质教育

现如今以考试为中心的人才选拔模式决定了很多中小学校只是强调应试教育,在整体上缺乏对儿童阅读的引导和整体规划。大部分家长也只是重视对少年儿童的功课成绩和特长培养,致使孩子们有限的课余时间大部分消费在课程学习和各种培训班上,从而耽误了培养少年儿童养成良好阅读习惯的大好时机,也导致少年儿童丧失了从书籍中获取信息和知识的能力,对素质教育的培养非常不利。而推行全面素质教育,把少年儿童培养成"有理想,有道德,有文化,有纪律"的全民人才,要实现这个目标,不能仅仅依靠课堂上的授业解惑,必须要注重课外的阅读活动。通过阅读,不仅可以开阔中小学生的视野,还可以帮助培养他们的实践能力和自主的学习能力,在加强素质教育方面起着不可忽视的作用。

2.1.3　有利于构建学习型社会

"少年自由,则国自由;少年进步,则国进步。"阅读,是人接受教育、发展智力、获得知识信息的最根本途径[3]。事实证明少年儿童的阅读能力、阅读兴趣随着年龄的增长而不断发展,从小养成良好的阅读习惯,对人一生的阅读兴趣的培养非常重要。培养具有良好阅读习惯的一代新人,对构建学习型社会,具有长远的战略作用,也是一个衡量国家重视未来的标志之一。

2.2　方式

2.2.1　与中小学联合开展阅读课

将少年儿童阅读辅导纳入教学实践是图书馆阅读引导工作的最佳尝试,同时,也是图书馆推动少年儿童阅读的重要"阵地"。幼儿园和中小学校是图书馆最紧密的合作伙伴。阅读辅导的内容可直接纳入到教学实践,成为学生必学的内容之一[4]。例如图书馆可以帮助或者辅导学校开展阅读课,具体方式是由图书馆员帮助选择适合中小学生各个不同年龄阶段的读物,老师固定在每天早晨或者放学前的 20 分钟内同中小学生一起大声朗读。

2.2.2　支持家庭阅读活动的开展

图书馆可以开展"图书馆亲子之旅活动"[5]。"亲子之旅"是与宣传相结合的一个活动,每次 25 个家庭,具体内容有:观看图书馆宣传片,走近图书馆亲子家庭与图书馆共同互动,如征求读者的意见和建议订报刊、图书、策划读书活动等。通过此类活动使家庭走进图书馆、了解图书馆,使家长和青少年都增加对图书馆的认识,以及了解阅读的重要性。平时图书馆和学校也可以开展一些"家长日"的活动,在这项活动中,学校可以举办一些推广家庭阅读的活动。如亲子阅读的宣传展,亲子阅读讲座、亲子故事比赛等。

2.2.3　开展形式多样的读书活动

图书馆开展多种灵活多样的读书活动,激发同学们的读书兴趣和成就感。例如 2011 年"燕赵少年读书系列活动"举办的"文学经典荐读活动"、"文学经典共读活动"、"文学经典知识竞赛活动"、"卡通画设计比赛展示活动"、"红歌颂唱活动"、"革命纪念地寻访活动"等多种多样丰富多彩的活动。用奖励的方式,肯定青少年的读书成绩,激发他们阅读的热情和兴趣。还可以免费为少儿读者放映适合青少年观看的电影教育片《小兵张嘎》《小萝卜头》等,并在观看电影之后推荐一些关于电影的阅读书籍,以增加青少年的阅读兴趣。图书馆可以通过板报、橱窗或小报随时介绍馆藏新书的内容、传授读书方法,对书籍的重点、难点及其精髓做些简评,对一些名著佳作进行赏析,从而引导学生的健康审美情趣,提高学生读书理解能力和鉴赏水平,用高品位知识刺激学生的求知欲。

121

3　针对监狱服刑人员的阅读推广活动

监狱是肩负着教育和改造违法犯罪分子的特殊机关,而监狱图书馆是专门为配合这种教育改造而设立的文化教育设施。监狱图书馆开展的阅读活动在帮助监狱施行教育改造方面起着不可忽视的作用。

3.1　意义

3.1.1　帮助监狱服刑人员净化心灵

监狱图书馆的服务对象是一群特殊的群体,他们不同程度上政治思想消沉、道德观念沦丧、法律意识淡薄、心理素质低下。图书馆对监狱服刑人员具有政治思想教育作用,可以让监狱服刑人员通过阅读具有引导性的书籍,帮助其确立和重新定位人生观、价值观,使服刑人员认识到自己曾经所犯的错误,心灵得到感化,从而走出罪恶堕落的泥潭,鼓起重新生活的勇气,以积极的态度弃恶扬善、重新做人。

3.1.2　帮助监狱服刑人员掌握一技之长

监狱服刑人员的读写能力和教育程度一般都比较低,为了促使他们在重返社会后拥有生存技能,使服刑人员与社会发展保持接轨,图书馆应为服刑人员提供学习各种技能的书籍,给予他们不甘堕落、洗心革面的机会,极大地调动起服刑人员读书的热情和重塑自我的积极性。通过阅读书籍不仅可以提高犯人的文化技术素养,还可以让他们掌握一门技术专长,为今后刑满出狱开始新生活创造有利条件。

3.1.3　为监狱提供一种新的管理模式

图书馆可以为监狱提供一种新的管理模式。现今管理监狱服刑人员主要是以劳动改造为主,不可否认,劳动改造确实有能够帮助服刑人员重返社会后拥有自食其力的能力,但是这些服刑人员生活单调乏味、精神生活空虚,不遵守监狱纪律甚至消极改造,而监狱管理人员又往往依靠机械说教,强制手段等方法对服刑人员进行改造,这些方法存在着一定的弊端。通过对监狱服刑人员开展阅读推广活动,可以满足其精神生活,缓解心理压力,平稳其原本浮躁的心灵,有助于帮助他们确立正确的人生观和价值观,同时也为帮助监管创造了有利条件。

3.2　方式

3.2.1　利用"阅读疗法"展开阅读推广活动

创建阅读治疗阅览室，建立多种与监狱服刑人员进行沟通的渠道。例如召开读者阅读治疗座谈会，解决日常监狱服刑人员的常见问题。设立心理咨询信箱及回音壁进行互动，对服刑人员进行心理测试，以有针对性地帮助监狱读者不断地调适自己，身心健康发展。

3.2.2　积极开展各类阅读性讲座、比赛活动

定期开展阅读讲座，成立监狱读者书友会，发起书评、读书活动。为每个参与者提供多角度的分析、观察与体验空间，活动中他们可以互相学习，交换经验，以团体的方式提升服刑人员的人格发展。2008年5月合肥监狱在全监服刑人员中开展以"迎奥运，保稳定，促和谐"为主题的系列监区文化活动，先后组织举行了"我与奥运"书法、绘画比赛及"奥运与改造"征文等活动，健康有益的比赛增强了服刑人员的集体荣誉感，促进了服刑人员积极改造[6]。

3.2.3　为监狱提供电影、电视等大众传媒形式的资料和服务[7]

图书馆服务不能仅仅局限于纸质文献的提供，还应该为服刑人员提供相应的多媒体服务，如电影、电视等。如：上海市曲阳区图书馆利用他们馆藏的电影资料，到上海市少年管教所放映爱国主义教育的影片，还将电影主要演员请到少教所和学员见面座谈，使学员心灵受到震撼，纷纷表示要弃恶从善、重新做人。

4　针对医院患者的阅读推广活动

随着社会的不断进步和医学技术的快速发展，如今广大人民群众希望了解到更多的健康知识来保卫自己的健康，所以医院图书馆开展对患者的阅读推广活动具有重大的意义。

4.1　意义

4.1.1　缓解患者的心理压力

任何疾病都会不同程度地给患者带来精神上的恐惧和压力，而长期的恐惧和压力又能加重病情。图书馆针对患者的阅读推广有利于缓解患者的心理压力，能够增强病人战胜疾病的勇气和信心，提高其幸福指数，有利于其康复。

4.1.2　促进患者疾病的治愈康复

患者的真正康复除了医生、护士对其进行精心治疗，细心照顾以外，还

123

应取决于患者的自身调节。自身调节的方法有很多种,其中一种就是读书,它可以调节情绪、使人振奋、启迪心智、医治愚昧,保持积极良好的心态,消除患者不良情绪,分散病痛注意力,树立战胜疾病的信心,从而达到辅助治疗疾病的目的,可以作为一种辅助治疗手段,加快其疾病的治愈[8]。

4.1.3　丰富患者的文化生活

患者在治疗的过程中生活会比较枯燥、单一,医院图书馆可以为病人提供温馨的医疗环境及医学普及教育的场所,阅读推广活动可以使患者休闲娱乐,可使病人在悠闲、平静、愉快的心境中,陶冶情操,修身养性。病人可在书刊中汲取各种有益的知识,在接受治疗的同时,也提高了自身的素养。

4.2　方式

4.2.1　开办针对患者的卫生保健知识专题的阅读讲座

医院图书馆有着便利条件,医生本身就是一笔丰厚的资源,图书馆完全可以充分利用这些资源开展医疗保健讲座,利用他们的医学知识、医学经验为医院患者服务。通过这种服务可以起到在患者中宣传教育的作用,患者和患者家属又作为一种传媒使身边更多的群众获得更多、更正确的健康和保健信息。

4.2.2　举办图书漂流活动

医院图书馆藏书充分,有些书利用率高,有些利用率很低。我们可以从中挑选一些适合病人和家属阅读的书送到病房或者候诊室提供给病人和家属借阅。医院是人流量很大的地方,这些图书在馆里放着也是积压,难以发挥它们的价值,通过漂流,可以让病人或是陪同病人前来医院的家属看到,他们可以利用空余时间了解到一些医药保健知识,更好地配合医生进行诊疗,使图书的知识传播价值得到最大限度的发挥[9]。

4.2.3　开展图书疗法

图书治疗是通过医生、护士、图书馆员三者配合进行的,最终实施和具体操作多数由护士来完成,因此也叫图书护理,是阅读疗法的一种。

对于住院病人来说,身心健康不仅有赖于医师、护士的精心治疗和无微不至的关怀,还取决于自身的调节,尤其是由心理、精神因素引发的疾病和长期卧床或因慢性病长期住院的病人,读书是自身调节的最佳方法。因此,医护人员与图书馆员应共同制订图书治疗方案、护理计划,有选择地为病人推荐、提供相关医学资料、法律、历史、文艺小说等近期阅读书目和远期阅读书目,实施图书护理、健康咨询。然后通过护理人员的观察分析、语言交流来了解实施图书护理后患者的心理情绪变化、治疗效果和阅读需求,以便及时调整书目。对长期卧床或不能下床的病人应送书到床头,或开放电视、放录像和音乐等多种形式,尽可能地满足病人的要求,为他们提供全面有效的服务,提高医疗质量[10]。

5　针对部队官兵的阅读推广活动

由于部队的训练任务繁重,生活比较单一、枯燥,对部队官兵开展阅读推广活动,能丰富其精神文化生活,为部队建设提供精神和智力支持,提高部队的整体素质。

5.1　意义

5.1.1　丰富官兵业余生活

部队图书馆最主要的服务对象就是官兵,部队严格的组织纪律、紧张的军营生活方式、繁重的训练任务,使官兵生活比较单一、枯燥,会给官兵带来较大的心理压力,通过阅读可以缓解其心理压力,愉悦身心,丰富官兵的精神文化生活。

5.1.2　提高官兵的军事素质

在军事高技术发展的今天,科技作战和大量高新武器装备部队,使战争杀伤性越来越高,信息化战争成为未来战争主要特点,官兵需要通过阅读来学习,从而提高自己的信息能力和信息素质,提高恶劣环境下的自我生存、自我防护和指挥能力[11]。

5.1.3　充实官兵,学有所长

部队图书馆可以根据官兵的技术难题进行详细登记,围绕这些专题或主题进行有目的的收集信息,整理有关信息源,解决读者在训练、学习中的实际问题,使官兵可以通过学习书本知识并与实践相结合,学得一技之长,为以后复员转业打好基础。

5.1.4　提高整个部队的整体素质

125

部队图书馆开展这种阅读推广活动能够满足部队文化建设的需要,把部队建设成一个学习型组织,根据官兵的文化水平、专业结构实行不同层次的教育并让官兵学习社会主义先进文化,帮助部队官兵提高文化素养,

提高部队的整体素质。

5.2　方式

5.2.1　开展官兵阅读文化周活动

部队图书馆可以定期开展阅读活动,使官兵可以在固定的时间内接受文化训练。在阅读文化周可以配合党的中心工作和部队重点、热点工作,开展"军事历史文献展"、"荣辱观"剪报展、"党在我心中"演讲比赛、"享受阅读快乐提高生命质量"知识竞赛以及相关的知识讲座等多主题、多类型的读书活动[12]。

5.2.2　开展以技能培训为专题的阅读活动

部队图书馆可以通过自办阅读班、请专家指导等形式,定期举办各种专业技能培训班,推荐有热情和能力的官兵到相关专业进修,使其有一技之长。部队图书馆还应为准备军校考试的官兵竭力提供一个很好的学习环境,并帮助其找到有效的复习资料。

5.2.3　开展阅读圈阅读活动

部队图书馆可以让官兵以其所在的排或连组织起来,共同阅读一本图书,每次阅读的图书可以由官兵推荐,也可以由图书馆员安排。通过讨论其主题,可能会引起共鸣,也可能因有不同的想法而引起讨论,形成一个开放、互动的局面,加强官兵之间的交流,并能激励官兵读书,形成良好的学习氛围。

6　结语

全民阅读是针对所有社会民众服务的,特殊群体的阅读是全民阅读的一个重要组成部分。由于中小学生学习任务较为繁重,监狱服刑人员受其活动范围的限制,医院患者由于其身心条件的限制,部队官兵训练比较忙碌,都不能充分参与到全民阅读中,但特殊群体的阅读活动是推动全民阅读活动的一个重要环节,图书馆推广全民阅读时不能忽略特殊群体的阅读推广活动,图书馆要发挥自身优势,关注特殊群体阅读活动,真正推动全民阅读风气的形成,促进信息公平,推动整个社会的进步和发展。

参考文献

1　林晓霞.全民阅读在网络时代的价值和意义[J].福建图书馆理论与实践,2008(1)

2　程超.浅谈少儿图书馆服务的创新发展[J].图书馆建设,2010(5)

3　丁小明.浅谈公共图书馆的儿童阅读推广[J].图书馆工作研究,2010(9)

4　张素鹏.图书馆推动少年儿童阅读的对策[J].图书馆学刊,2009(11)

5　吕梅.馆社合作共促阅读[J].图书与情报,2011(1)

6　随文杰,王彦鹏,陈星宇,孙太昊.阅读疗法在监狱图书馆中的研究与应用微探[J].
　　贵图学刊,2009(1)

7　吴昌合,郭磊.论公共图书馆为监狱服务的问题与对策[J].图书馆学刊,2009(2)

8　马婷玉.医院图书馆实施为患者服务的意义[J].医学信息,2005(12)

9　张杰玲,刘青.基层医院图书馆服务功能的发挥[J].现代医院,2010(6)

10　裘雅贤.论文献信息为病人服务的辅助治疗作用[J].遵义医学院学报,2002(3)

11　王丽英,刘少红.军校图书馆开展阅读治疗服务的设想[J].解放军护理杂志,2004
　　(3)

12　谷怡敏.图书馆拥军工作初探[J].图书与档案,2008(5)

论图书馆开展全民阅读的新视野

城市图书馆研究 2012 年第一卷第一辑　　Journal of Metropolitan Library　Vol.1　No.1　2012

创新宣传·合作延伸

——厦门市图书馆打造讲座服务品牌经验

郑晓燕　陈　峰

Innovation Publicity · Cooperation and Extension

——The Experience of Building Lecture Service Brand of Xiamen Library

Zheng Xiaoyan　　Chen Feng

摘要：以厦门市图书馆"周末知识讲座"为例,分析公共图书馆的公益讲座中理念体制、系列策划、开展形式、外联合作以及开发利用等方面的实例,展现厦门市图书馆公益讲座工作迁入新馆后的变化和在为听众服务过程中贯彻"以人为本"理念、努力打造品牌的具体探索。

关键词：公共图书馆,讲座,品牌

Abstract：The paper takes the experience of "Weekend Knowledge Lecture" in Xiamen Library as an example to analyze the concept system, series of planning, development form, cooperation, as well as its development and use of commonweal lectures in public libraries. It shows the new changes of commonweal lecture work after Xiamen Library settled to the new building, as well as the methods in carrying out the people-oriented concept and brand building.

Key words：public library, lecture, brand

厦门市图书馆的图书馆讲座活动始于上世纪九十年代初,为不定期的读者活动之一。到了 2000 年,正式定为"周末知识讲座",每周末举行。2007 年 7 月,借助新馆环境改善的契机,厦门市图书馆将"周末知识讲座"作为我馆"全方位开放、全公益服务、全社会共享"办馆方针的重要内容来抓,通过创新活动内涵、拓宽宣传渠道、加强社会合作、延伸服务领域,努力把"周末知识讲座"打造成深受市民欢迎的服务品牌。4 年来,厦门市图书馆"周末知识讲座"以公益性为出发点,以市民需求为导向,以传播知识为目标,策划出许多具有特色的系列讲座活动,共举办讲座近 350 场,服务现场听众约56 537人次,在业内和广大听众中树立了品牌形象、产生了广泛的影响力。

郑晓燕,厦门市图书馆,助理馆员。Email：32303368@ qq. com

陈峰,厦门市图书馆,副馆长,研究馆员。

1　创新活动内涵

厦门市图书馆于 2007 年迁入厦门城市新地标的厦门文化艺术中心新馆舍后,将构建融入社会、贴近民众的市民终身教育知识殿堂和独具特色的海峡西岸中心城市公共文献信息资源共享保障中心作为建设目标。图书馆的讲座报告厅一改以往的临时摆放座椅和设备的落后状况,有了航空式舒适座椅和先进的音响播放配套设备及投影、同步显影设备,装修水平也达到了专业室内声乐欣赏的标准,这为厦门市馆加强多元化文化服务,打造休闲文化场所,发挥讲座活动的普及性和实用性奠定基础。

为此,厦门市馆提出了"打造周末知识讲座品牌,不断提高讲座水平,讲座主题从单一化到系列化、服务对象从大众化到分众化"具体目标,积极创新活动的内涵。

1.1　内容创新:构建主题系列化的活动板块

知识讲座作为图书馆发挥知识交流功能的重要手段,其提供给读者的知识应注重系统性,使读者在文化休闲的环境中,潜移默化地获取较为全面的知识。因此,有必要改变以往单一化的讲座栏目,构建主题系列化的活动板块,为读者提供一个获取知识的平台。我馆开发的"异域风情"、"晚报记者面对面"等系列讲座便是在这种观念下策划出来的。

"异域风情"系列讲座围绕西方文化主题,邀请在厦外籍人士用外语讲述自己国家、家乡的风情、风俗、艺术、文化以及人文、历史景观等,以表演、歌舞、朗诵等多种形式开展,系列性地介绍了多个国家与地区的历史、地理等方面的知识,新奇、新颖、颇具吸引力。自推出后受到广大青年读者和公司白领的热烈欢迎,两年内该系列讲座共举办 32 场,计有听众 6172 人,平均每场 193 人,几乎是场场爆满。

"晚报记者面对面"系列讲座是厦门馆"庆祝新中国成立 60 周年暨纪念厦门解放 60 周年"举办的系列活动之一,特别邀请《厦门晚报》专栏记者做客厦门市图书馆周末公益讲座,畅谈文学创作,赏析电影佳作,分享城市生活感受,每月推出一场,让记者从看得多懂得多的市民听众转变为主讲人,更贴近老百姓的所思所虑,使讲坛成为分享民间智慧的平台。

系列讲座的策划是建立在听众调查的基础上,通过登记表、征询表、电话咨询、现场交流等调查形式,认真听取读者需求,从而针对特定人群定制讲座主题。这种模式,不仅使主题更贴近读者,而且也确保了听众到场率,提高服务效益。

1.2　形式创新:呈现形式多样化的现场氛围

从实践中可以发现,说教式的讲座读者不喜欢,因此,讲座的形式创新亦十分重要。为了更好地诠释讲座的内容、让主讲人和台下观众热烈互动,在讲座中尽可能多地策划了道具环节。譬如《闽台茶文化》中,茶博士展示了五种不同颜色的珍贵茶种,表演了茶艺秀,烹制了"大红袍"让在座的观众一同分享茶香茶味;《惠安女服饰与刺绣》中,模特们打扮成勤劳、大方的惠安女。由此,讲座改变了以往沉闷的教学方式,让讲坛变身舞台秀场,增加了讲座的吸引力。2011年春,还将讲座现场从报告厅移到了户外,组织开展"游走厦门"户外讲座活动,特邀鼓浪屿老建筑研究专家开讲,带领读者穿街走巷,欣赏鼓浪屿建筑艺术、听老别墅里的故事,"游走"过程中,吸引了一些正在鼓浪屿游览的中外游客,扩大了周末知识讲座的知名度。

2　拓宽宣传渠道

要扩大讲座的受众面,宣传工作是必不可少的。厦门馆积极拓宽宣传渠道,构建全方位的讲座宣传。

2.1　引入 CIS 的方法进行宣传设计

一个朗朗上口的讲座名称让大众接受、关注、喜欢,就是讲座宣传的第一步。还有一系列的诸如讲座图标、海报水牌、公告栏、工作证、工作服、讲座门票、环保袋、一次性纸杯上的图案和宣传口号等,都应有统一和谐、风格相互呼应的设计。这就类似企业的 CIS 系统,将机构理念、文化涵义等有组织有计划地传达给社会,使公众产生认同感,树立完美的企业形象。厦门馆将 CIS 的方法引入图书馆讲座进行设计、管理,可以很好地在视觉上宣传公益讲座;各宣传品的风格一致,使读者加深对公益讲座的印象。

2.2　充分运用传统媒体进行宣传

报纸、广播电视、杂志、宣传单、海报栏等是图书馆讲座宣传的基本途径,也是满足大部分受众需求的不可或缺的宣传渠道,符合大部分听众的阅读习惯和获取讲座信息的传统习惯。

利用广播电视来宣传讲座还可以通过与广播电台节目联办的方式,将讲座包装成广播节目形式,同步传播讲座动态,既为广播电台提供节目资源,又能让节目收听者有亲临现场的感受。而且,通过广播电视宣传图书馆讲座,不像报纸需要考虑篇幅、印刷成本等问题,播音员的声音亲切动人,将讲座信息娓娓道出,给听众深刻的记忆,成功塑造图书馆公益讲座品牌。厦门馆曾通过与调频 FM107 厦门经济交通广播电台合作宣传了吴经国《奥运中华情》、易中天《先秦诸子之墨子与杨朱》、梁文道《阅读的寂寞与虚无》、张鸣《辛亥:摇晃的中国》等大型公益讲座宣传。

2.3　善于利用新的媒介开拓宣传

在信息时代,各种各样的新媒介层出不穷,讲座宣传则要善于利用新的媒介开拓宣传。

2.3.1　人行信号指示信息屏和移动电视滚动屏。2009 年 3 月,厦门馆与大三和弦公司、移动电视传媒签订合作协议,通过街头主干道人行信号指示信息屏和移动电视滚动屏向广大市民预告周末知识讲座信息。无论是走在街头等红绿灯,或是出行乘坐公交车,市民都能看到公益讲座的预告信息。

2.3.2　网络传播。充分利用网络传播的可重复、可检索、低费用等诸多便利优势,使用电子邮件、短信息、QQ 群、厦门大学讲座信息网、厦门小鱼网络社区、新浪微博、机关事业单位内部办公系统等网络工具,以此聚拢具有活力的中青年读者的关注,有针对性地开展讲座宣传。

厦门馆的公益讲座的预告信息,常常是通过签到表里读者留下的电子邮件地址,向读者群发,方便又免费。还特别设置了 VIP 宣传名单,将各单位团委、巾帼文明岗以及社团、企业宣传科等负责人的电子邮件一一囊括,群发讲座信息。

因长期与中国移动“家校网”平台合作,在寒暑假期间举办针对青少年读者的讲座便是通过“家校网”平台向学生家长发送讲座预告短信。

2011 年 9 月,厦门馆的一场题为《国家级非物质文化遗产保生大帝信俗——吴真人传奇》的讲座由新浪微博@新浪厦门健康频道现场直播,引发网友热烈参与。微博让每一个人都成为自媒体,而通过微博对讲座的二次宣传,让有共同关注点的人迅速地成为了一个群体,同时让讲座信息和对讲座的感悟在这一个群体里传播得更为迅速和准确。

而人气颇高的厦门大学讲座信息网和厦门小鱼网络社区,都是厦门知

创新宣传·合作延伸——厦门市图书馆打造讲座服务品牌经验

名的网站,前者针对高校圈的师生,后者面向厦门市民,不论何种类型的讲座都能吸引到各自的听众群体。2011 年 8 月,把在新馆开展的多种讲座活动在厦门小鱼网络社区上进行了综合回顾,让更多网友对周末知识讲座有了宏观的认识。

3　加强社会合作

厦门图书馆的讲座资金、资源较为紧缺,每年用于开展讲座的经费仅有 2 万余元,只能全面扩大社会化合作,由合作方解决经费或资源问题。2010 年举办的 87 场讲座(总馆)中,与社会各界合作举办的讲座高达 69%。这些社会化合作讲座有效地解决了厦门市图书馆讲座经费不足、师资缺乏等问题,使讲座的持续发展得到强有力支撑。

社会化合作讲座类型繁杂,归纳起来,有以下几类:

3.1　与政府部门的合作

近些年,在“构建学习型社会”的实践中,各地宣传部、工会、妇联等政府部门意识到讲座这一信息密集、受众面广、交流便捷的活动所发挥的重要作用,对于他们,举办讲座的经费并不是问题,但讲座所需的场地,师资,讲座的宣传、管理等成为较为“棘手”的问题。厦门馆凭借自身多年举办讲座的经验与资源优势,搭建平台,与其合作,现已成为“鹭江讲坛”、“女职工周末学校”、“厦门机关青年论坛”等多个举办点。

3.2　与企业的合作

企业所拥有的资金、师资资源都是合作举办讲座的重要条件。在与企业的合作中,或借助其资金资源,如与中国人寿厦门分公司合作,国寿年出资 10 万元,将 12 场系列讲座冠名为“厦图讲座·国寿大讲堂”;或借助其师资资源,如与厦门新东方学校、厦门外图集团公司等合作举办俞敏洪、梁文道、方文山等大型公益讲座。与英孚、友谊英语、白金汉英语、韦氏英语、新东方、天骄外语等合作举办“异域风情”系列讲座及英语辅导、英语教学系列讲座等。

3.3　与社会团体的合作

社会团体、各学会拥有讲座举办所需要的丰富的师资资源,因此,厦门馆与各社会团体进行全面、多方位合作。如与厦门爱护动物协会合作举办“爱护动物”系列讲座,与厦门古琴专业委员会合作举办“中国古琴鉴赏”

系列讲座等。

3.4　与媒体的合作

报纸、网络、广播、电视等媒体的最大特点在于其宣传优势,与其合作,可对讲座进行免费宣传。厦门馆与厦门日报、晚报、商报等纸质主流媒体,厦门政府网、厦门文化信息网、厦门小鱼网等网络及厦门卫视、厦门广电等合作,构建出平面与网络相结合的立体式宣传模式。

3.5　与其他组织、机构的合作

图书馆讲座是与社会公众交流、沟通的有效平台,因此许多组织与机构都参与了与厦门市图书馆讲座的合作。如与厦门小鱼网合作举办"婴幼儿保健"系列讲座,厦门第一医院、厦门口腔医院等合作举办"养生保健"系列讲座,与厦门市红十字会合作"现场急救知识"讲座等。

3.6　综合多方面力量的合作

联合政府、社团、媒体等多方面力量来合作举办讲座,"闽南文化"系列讲座即是典型案例。它在市社科联和《厦门晚报》等赞助下,依托厦门、台湾等地资深本土专家,以闽南地区、台湾地区等地方文化题材为主,向普通听众讲述闽南的历史文化、风俗民俗、名人掌故、语言艺术等。

师资来源首先锁定的是市社科联"鹭江讲坛"主讲人、闽南文化研究会的成员,2011 年 2 月举办的"闽南文化系列讲座"专家座谈会上,不少本地专家和媒体出谋划策、举荐讲师。通过市社科联提供的经费和《厦门晚报》的头版彩印宣传,以及各大主流网站的开放跟帖报道讨论,该系列讲座吸引了越来越多的年轻人的参与,这也是工作人员最喜见的效果。2011 年 5 月,金门县采风文化发展协会黄振良先生开讲《金门人文景观》,正是通过参加座谈会的同安区文化局的牵线介绍。

参照"闽南文化"系列讲座合作模式开展的专题讲座还有不少,"名师课堂"系列、"奥运中华情"、"我看先秦诸子"、"俞敏洪走进厦门市图书馆"、"中国风·文山流"、"辛亥:摇晃的中国"等大型公益讲座皆是集结社会各方资源合力打造献给读者的精品。

4　延伸服务领域

4.1　制作讲座光盘,拓展讲座影响力

每场讲座在主讲人的授权后都会进行录音拍摄和视频制作,形成的讲

133

座光盘是一笔不可小觑的文献资源,都搬上了图书馆官网的专栏里,原汁原味地再现现场的生动与精彩,使那些因错失机会不能来图书馆听讲座或因地域限制的异地读者,通过网络点击轻松实现听讲座的需求。在寒暑假或节假日时间里,还为到馆读者播放历年讲座视频,或在各分馆巡回播放专题讲座。2011 年 10 月,还推出"辛亥百年"主题系列讲座视频播放。视频光盘常年送进学校、军营、社区、农村等地,提高了讲座的效率。《陈嘉庚的诚意人生》的主讲人林忠阳就曾带上光盘远赴北京、内蒙古,拓展了讲座的影响力。

4.2　走出去的流动讲座

厦门馆常年与厦门各机关、事业单位合办讲座。到学校,送去的讲座如《被淡化的戏曲之美》《揭秘宇宙飞行之运载工具》《高度源于信念 做自己的人生冠军》等,常常围绕文学鉴赏、课外科普、情操陶冶主题来开展;到军营,送去的是爱国主义教育或时事解析讲座,如 2008 年 4 月台湾大选前夕,厦门馆特邀党校专家进 73152 部队开讲两岸局势,深受部队官兵的欢迎;还常年为社区居委会送养生保健类讲座。厦门馆还为漳泉两地图书馆输送优秀讲座信息、赠送讲座光盘,把"本馆讲座明星"推荐各处巡讲,取得了诸方多赢的效果,因此成为闽南区域讲座资源中心馆。

4.3　讲座书刊及展览

为了整理归纳讲座工作的经验和不足,记录工作中重要的点滴,交流转瞬即逝火花般的巧思,工作人员将从事讲座工作的所思所想编辑出版,《馆声·讲座专刊》《知识·分享——图书馆公益讲座的品牌创建与培育》以及《越讲越精彩——"周末知识讲座"十年回眸展》等向广大读者全面介绍了厦门市图书馆公益讲座的方方面面。

5　结语

多年来,厦门市图书馆的周末知识讲座从无到有,从小到大,从两周一讲到每周一两讲,最终成长为颇具影响力的"市民大课堂",正是不断创新、大力宣传、多方合作、延伸拓展的结果。厦门图书馆人仍将不断进取,持续打造供广大市民提高文化素养、品味高雅文化的社会课堂。

参考文献

1　林丽萍.知识·分享:图书馆公益讲座的品牌创造与培育[M].厦门:厦门大学出版

社,2011

2　王志军.公共图书馆宣传推广活动组织与策划[J].图书馆学刊,2010(8)

3　白兴勇.浅议图书馆讲座的宣传:以山东省图书馆公益讲座为例[J].情报探索,
　　2007(12)

创新宣传·合作延伸——厦门市图书馆打造讲座服务品牌经验

城市图书馆研究 2012 年第一卷第一辑　　　　Journal of Metropolitan Library　Vol.1 No.1　2012

在"用户教育"中嵌入"阅读推广"之故事

刘青华

Story on Embedding Reading-Promotion in Library Users' Education

Liu Qinghua

摘要：本文对在图书馆的用户培训或信息素养教育实践中，尝试将阅读的推广嵌入（融入）到信息素养教育之中的几点心得体会进行梳理。

关键词：用户教育，信息素养，阅读推广

Abstract：Based on the practices of user education or information literacy education, the paper summarizes some thoughts on embedding reading-promotion in information literacy education.

Keywords：users education, information literacy, reading promotion

喜欢"竹帛斋主"博文中的那句"如果图书馆是天堂的模样，那么，人间才会真正地充满生活的美好和文化的福祉"[1]。还未成为天堂的图书馆尤其是公共图书馆，作为一种社会制度的安排，信息自由的保障机构，在理想的追求与现实的实践中，用户教育与阅读推广作为两项职责，虽非重要如车之两轮，鸟之双翼，却也是图书馆从业者宣传展示自我、服务民众的重要抓手。

发生在图书馆范围内的活动，笔者一直期望它富有文化的气息、书香的味道、温润舒缓而不失时代的特征。因偶然闯入阅读丛中，竟也喜欢上"闲书野读"，而后还曾"独语前行"，在图书馆的用户培训或信息素养教育中，尝试将阅读的推广嵌入（融入）到信息素养教育之中，获有几点心得，在此求教于同行。

1　关联的故事

明代董其昌在《画禅室随笔》中有"行万里路"、"读万卷书"之语。行万里路，我们可亲见亲历，可与人促膝交谈，但即便交通工具如现今般便捷，出门游历对大多数馆员来说也仍非常事。倒是读万卷书，

刘青华，东北师范大学图书馆，参考咨询部主任，副研究馆员。Email：wjew72@gmail.com

仍然有其现实价值与可操作性,且不说图书馆借书读书之易,作为馆员也更确信读万卷书之意义,从阅读中获知自己无法亲历而他者早已经历与思考过的人、事、理。在阅读中找寻与积攒那些经过思考与检验的素材,应用于用户教育之中,在提高用户信息素养的同时,"润物细无声"地推广阅读,提升阅读风气、激发阅读兴趣,促进全民阅读。

　　根据美国图书馆协会(ALA)的定义,一个具有良好信息素养的人能够知道何时需要信息,能够有效地获取、评价和利用所需要的信息[2]。信息获取与信息组织有着密切的联系,如在介绍图书目录查询方法或图书索引、文献分类的意义时,笔者从典型南美魔幻风格的乌拉圭作家卡洛斯. M. 多明盖兹的小说《纸房子》中的文字入手,书中有图书摆放"过程中最耗神、也最费力的,就是厘清每一本书之间的关联性"(P41)[3]、"布劳尔不断坚持:判断书籍是否隶属同类,绝对不能像寻常俗人那样以内容形态为依据"(P42)[4],会在 PPT 课件的空隙之处,列上南美一些有影响的小说与诗歌,如博尔赫斯的《小径分岔的花园》《博尔赫斯全集》,加西亚·马尔克斯的《百年孤独》或巴勃鲁·聂鲁达的诗集。因为我相信,用户的视野与心灵的触觉也可能如"小径分岔的花园",偶尔的一瞥便拐入另外一个缤纷或迥异的世界。用户教育过程中阅读文献的提及、推荐书目的引入,只因讲授内容与阅读发生着某种关联性,这种关联性的准确把握得益于日常阅读的日积月累,以及培训内容主题相关性、契合度的认识。

2　兴趣的故事

　　图书馆员热情洋溢地张罗着各种活动,某些是信息素养教育的讲座或课程,课件上写满检索技巧。但现实如一位图林知名人士所言,"到目前为止,高校文检课基本是 B. G(Google 前时代)的思路:将问题搞复杂,然后认为用户不懂……如果检索简单得可以 Google,他们就全失业了"。尽管此语或有偏颇,但国图副馆长陈力曾在公开场合讲过:"图书馆员总是高估自己,读者总是低估我们。"[5] OCLC 调查报告(《图书馆的认知度(2010):环境与社会》)告诉我们"信息消费者是很自信的。他们知道如何找到他们需要的信息","他们喜欢自助服务,信息消费者运用经验和一般常识判断信息是否有价值"[6]。

　　如何在第一时刻便吸引读者注意力,用一个案例讲授尽可能多的信息

137

素养知识,成为常思量与常设计之事。比如提出"对问题的描述是否也是一种信息素养的体现";案例检索材料可选用图书《为了书籍的人:坚忍与刚毅之一》第102和103页,此两页底部有页码,每书页的书边也各有连续的阿拉伯数字,请问此"边码数字"作何解释,描述并构建检索查询的语词。在最后给出答案时,顺带推荐几本有着答案的图书,如"注释中左列数字为原书页码即本书边码"[7](《为了书籍的人:坚忍与刚毅之一》P291)、"索引条目后所列数字为原书页码,即本书边码"[8](《永远活在希特勒的阴影下吗?》P225),并贴上图书的封面,同时推荐 Douban、Amazon 等国内外与图书相关的著名信息流社区,推介图书的搜索、书评的浏览、Web2.0 技术的应用等,使读者在无缝体验之中达到自己讲授目的与理想效果。

3　形象的故事

仍然是图书《为了书籍的人:坚忍与刚毅之一》第102和103页,在新生入馆培训与参观之时,借用此两书页上的话作为"引语",第一句在第102页上,1636年刻有奥古斯特大公图书馆的三条金科玉律的木板,上书"来访者不许淆乱书籍的次序,不许偷书,应当对书的内容表示尊重"[9]。从古代西方图书馆的管理制度、对知识与书籍的热爱与珍视,讲述现今图书馆理念、读者行为规范等,不突兀并有历史感。第二句在第103页那让中国读书人熟稔的蒙田对中国书的描述:"还有一本来自中国的书,特点与众不同,书页半透明,比我们的纸更柔软,由于油墨会浸入反面,文字只能印在正面,书页都必须双重对折,然后装订在一起。"[10]在介绍图书馆特藏文献尤其是古籍文献而加以引述时,也不失时机地推荐三卷本的马振骋译《蒙田随笔全集》阅读。

我们清楚,阅读不仅限于读纸质图书,还包括网页的浏览、电子书的查阅、视频资料的观看。无论是新生入馆还是图书馆学专业学生实习教育,有时会选择播放电视剧《不如跳舞》第1集的第26—30分钟时间段讲述的故事,会从那几分钟里一位语文教师叶知良与一位图书馆员于雅琴及其女同事的借还书冲突的"描述"与"渲染",解读图书馆及图书馆员的"社会形象"、"媒体印象"、"社会认知"与"现实偏差",其中涉及开馆时间(剧中周六周日开馆)、读者的区别对待问题(副高以上职称者方可借阅某些研究型文献)、专业术语及管理问题(如图书超期罚款)、图书馆管理外包(图书馆保安人员)、馆员服务态度,甚至还包括图书馆员性别比例等,结合剧情介绍本馆规章制度、服务理念。因为这是关乎图书馆形象问题,对剧情中涉及读者相关诸方面比对讲解,生动之中加深读者的了解进而达到理解图书馆"以人为本"的办馆理念。自己也曾暗想,图书馆做公关策略,改善图书馆形象,像这样一部在 CCTV 1 播放过的电视剧中一小段情节,可有更多专业人士加以关注,加以分析,选为素材,用于用户教育与自身的反省和改进。

4　检索的故事

网络时代的图书馆用户教育,一些专家高举"网络为王"大旗,意指信息素养教育应多注重网络信息检索与评估,在互联网上也有网民早已贴出"众里寻他千'百度',那人却在'谷歌'处"的诗句。

两年前一位自己极敬重的 kevenlw 老师送我一幅华君武的漫画,画名"书到找时方恨多",画面中散落满地图书的书房内,凳子上一位痴书老人在找寻着某本书。此画我甚喜欢,将它置于自己书架上,每每走进书房,我都会驻足而视,似乎看见那位爱书老者已从画中走出,攀爬在我的书架上,随意且惬意地翻找着某一本书。同时也让自己想起那句"你要是找不到某一本书,那就等于不存在"[11](《纸房子》p40),也把此语当做检索的意义加以阐释。

阅读《卡萨诺瓦是个书痴:关于写作、销售和阅读的真知与奇谈》一书时,第 78 页脚注有一小段文字吸引着我,"博士论文出版数量增加的速度大概就相当于书籍出版增长的速度。《论文综合索引》(Comprehensive Dissertation Index)收录了从 1861 年(美国第一篇获得博士学位论文的论文产生在这一年)到 1972 年的论文417 000篇……"[12],第一反应它也许会是一个不错的教学素材,即如何找寻出美国第一篇博士论文。"纸上得来终觉浅,绝知此事要躬行"。首先选择定位 ProQuest 公司的 Dissertations & Theses 数据库,其检索平台为 Smart Search。面临的问题是此检索平台不提供浏览功能,尤其是无按年限浏览功能。如何能找出 1861 年的文献? 幸运的是,此平台没有大多数外文数据库检索禁用词(Stop Words)限制,即它提供 in、on、about、a、an、only、at、is、are、to 等各种别的数据库中所规定的检索禁用词的检索。用能查询到的所有检索禁用词用 or 关系进行组配检索

（据自己查阅的资料,有的数据库禁用词达 100 个之多,这些"检索禁用词"是英文写作中最经常应用到的一些词,在题名与关键词中几乎不可能不使用到"检索禁用词"）,查询 1861 年及以前的学位论文多篇,涉及法国、德国、瑞典等国,而美国论文仅有耶鲁大学一篇,作者"Wright, Arthur Williams",论文题目"Having Given the Velocity and Direction of Motion of a Meteor on Entering the Atmosphere of the Earth, to Determine its Orbit about the Sun, Taking into Account the Attractions of both these Bodies"。下一步需要对此作者此论文进行验证。用作者"Wright, Arthur Williams"在 Google 中进行检索,作者的相关信息同时指向了 Wikipedia,在此过程讲解 Google 搜索引擎与 Wikipedia 相关知识、检索技巧。在 National Academy of Sciences of the United States of America Biographical Memoirs 中查询获取到"Biographical Memoir of Arthur Williams Wright"电子版全文[13],在 PDF 中 Fulltext 检索框键入"1861"（同时讲解 Fulltext Search 的意义）,有如下描述语"In 1861, he and two others were the first to receive the degree of doctor of philosophy in the recently established department of philosophy and the arts"。

　　另一个例子,JSTOR 是一个外文过刊库,检索界面简单易用,仅有 4 个检索字段,这在外文数据库极为少见,在极简功能前如何能让读者有学习的兴趣,而且还能讲出韵味呢？歌曲《唱脸谱》的某一版本,有歌词"外国人把那京戏叫做'Beijing Opera'",便以"京剧"作为检索点,在 JSTOR 期刊库中查找图片。提到京剧的英语对应词,大家容易想到的就是"Beijing Opera",但许多读者不知道它曾经也叫"Peking Opera",此时在课件中弹出章诒和与贺卫方合著《四手联弹》一书的第"叁拾肆"节[14]（P244）"汉语拼音与威氏注音",专节讲"威玛妥—翟理斯注音法",讲到 Beijing 过去也被写为 Peking,有知识有来源,同时也可推荐出二位知名作者/学者的代表性作品。选定好检索词"Peking Opera" or "Beijing Opera",选择检索字段 caption,同时在检索式组配中讲解逻辑算符、位置算符、同义词选择、专业检索组配式写法、引号使用意义、半角引用字符、通配符使用等,最后在查出极具欣赏价值的有"黑白之美"的几十年前外国人拍摄的京剧照片中结束此一小段培训。试图在培训中糅合阅读的意义、检索的技巧、文化的熏陶。

　　当然,检索不是万能,平时的阅读与累积可以替代许多检索查找,自己也收集有不少阅读助益检索的案例,比如杨葵著《过得去》一书中,讲述作者杨葵与作家舒群、古文学权威陆宗达之间的那一段故事,便涉及个人学识与检索工具的使用,读来颇有教益。

5　阅读的故事

读者信息素养教育中谈及阅读,难免也要提一提自己阅读的心得与体会,他人阅读的见解与新知。我始终认为"阅读是一种私人性体验"[15]。那如何将这种私人性体验与公开的教育、教学相结合,自然需要准确判断和合理精心选择。比如在讲述信息检索的理论与技巧时,倡导"道由技进,技达于道",教学培训不止教会读者技术与方法,如果能上升到一种思想与理念,或许对受众的影响更大。即便是一种启蒙,首先想到也是康德的那句"启蒙意味着自己思考"。

新技术、新环境促使我们不能停止步伐,任何以逸待劳、一劳永逸的想法与做法,都难以适应迅速变化的环境。在讲授人文理念与技术发展时,会不自觉地提及陈丹青《退步集》(P383)那句"好的技术里已经有思想,好的思想也需要好技术"[16],随之列出的陈丹青的著述清单,也大多会受到读者欢迎。

在讲述电子资源的获取与阅读、分析资源利用的成本效益与趋势时,常不自觉地提及意大利作家、学者翁贝托·艾柯(Umberto Eco)所言之"查询用的书籍最终会被超文本、网络所代替而走向消亡"、"书在未来将只吸引一小部分爱好者,他们会跑去博物馆和图书馆满足自己对过去的趣味"[17]。(《带一本书去未来》P1)。谈到数字阅读,自然不会忘记罗伯特·达恩顿在其著述《阅读的未来》中坚信的那样,我们"改变的是形式,不变的是阅读"。

6　结语

如果说私人阅读与公共阅读推广、读者教育或培训之间有什么样的真正联系,在个人的体验与思考中,我将"碎片化"、"弱信息"、"关联性"作为主题词加以标注。"碎片化"的时间中阅读着一些"弱信息"(张晓林文中所谈到的"那种问题结构模糊、知识范围不清晰、缺乏明确且系统的检索发现步骤、需要动态解构和探索大量文献内容才能部分满足的信息"[18]),不

141

在『用户教育』中嵌入『阅读推广』之故事

断累积这些"弱信息",在面对不同对象不同主题的读者培训教育时,抽取有"关联性"的最合适可用的素材,便是自己的一点经验。

坚持阅读,坚持学习,因为"学习是学来的"[19](《别想摆脱书》P55)、"阅读是为了活着"(福楼拜《致尚皮特小姐》)。面对信息日益过载的网络时代,如何提高信息素养、有效地评估与利用所见所得的信息,阅读还算是一个不错的途经。信息素养维度中有一维度是"了解与信息检索、利用相关的法律、伦理和社会经济问题,能够合理、合法地检索和利用信息"。也可有许多的著作推荐给读者,如《科学家的不端行为:捏造·篡改·剽窃》《诚实做学问:从大一到教授》等。即使是论文发表时作者的署名方式,自己也在阅读与培训中引用一个素材,那是《郎咸平说:公司的秘密》(P147)"我的关于公司治理的论文一般都发表在 Journal of Financial Economics、Journal of Finance、Journal of Political Economy、American Economic Review、Journal of International Business Studies 等国际重要的学术杂志上。按照国际金融学术界的惯例,我的每一篇论文的作者排序都是按照英文字母的先后顺序进行排列的。这与国内按照作者贡献大小排名的做法不同"[20]。教会读者完成验证上述事实,并与国外期刊论文的第一作者、通讯作者等相关知识的讲解相结合,会收到很好的教学效果。

关于阅读与用户教育的故事还有很多,作为阅读者的图书馆员每天也都在前行的路上,为图书馆那向着"生活的美好和文化的福祉"前进的目标,奉献一位馆员所应有的热情与智慧,愿借用@ 小崔实话实说日记微博上写的一句话与同仁共勉:

"简单的事重复做,你就是专家;重复的事你用心做,你就是赢家。"

参考文献

1　图书馆应该是天堂的模样[EB/OL].[2011 – 11 – 05]. http://blog. sina. com. cn/s/blog_4978019f0100aw70. html

2　Information literacy[EB/OL]. http://en. wikipedia. org/wiki/Information_literacy

3,4,11　卡洛斯. M. 多明盖兹. 纸房子[M]. 上海:上海人民出版社,2008

5　鼠兔语丝[EB/OL].[2011 – 11 – 05]. http://yy. iyatou. com/archives/1449. html

6　图书馆的认知度(2010):环境与社会[J]. 数字图书馆论坛, 2011(4)

7,9,10　尼古拉斯. A. 巴斯贝恩. 为了书籍的人:坚忍与刚毅之一[M]. 上海:上海人民出版社,2011

8　海因里希·奥古斯特·温克勒.永远活在希特勒阴影下吗? [M] 北京:生活·读书·新知三联书店,2011

12　约翰·马克思韦尔·汉密尔顿.卡萨诺瓦是个书痴:关于写作、销售和阅读的真知与奇谈[M]:北京:生活·读书·新知三联书店,2008

13　Biographical Memoir of Arthur Williams Wright[EB/OL]. [2011 – 11 – 05]. http://books. nap. edu/html/biomems/awright. pdf.

14　章诒和,贺卫方.四手联弹[M].桂林:广西师范大学出版社,2010

15　图林丫枝.恣意阅读,功不唐捐[EB/OL]. [2011 – 11 – 05]. http://a. xhsmb. com/html/2011 – 07/15/content_29583. htm

16　陈丹青.退步集[M].桂林:广西师范大学出版社,2005

17　薛原.带一本书去未来[M].北京:金城出版社,2010

18　张晓林.颠覆数字图书馆的大趋势[J].中国图书馆学报,2011(5)

19　卡里埃尔.别想摆脱书:艾柯、卡里埃尔对话录[M].桂林:广西师范大学出版社,2010

20　郎咸平.郎咸平说:公司的秘密[M].上海:东方出版社,2008

在『用户教育』中嵌入『阅读推广』之故事

143

美国国会图书馆 2010 年财政年度报告：
国会、资源与服务

李　恺

The Annual Report of the Library of Congress for the Fiscal Year 2010：Congress，Resources and Services

Li Kai

摘要：本文介绍了美国国会图书馆在 2010 年财政年度的报告。这份报告从服务国会、资源的收集、保存、管理以及公共服务 3 个角度介绍了国会图书馆在这一年间进行的主要工作。

关键词：国会图书馆，年度报告

Abstract：This paper briefly introduce the annual financial report of the Library of Congress in 2010.The report introduces the main work of the library in terms of services to the Congress, collection, conservation and management of resources, as well as public services.

Keyword：Library of Congress，annual report

1　国会图书馆和国会图书馆的年度报告

美国国会图书馆成立于 1800 年。作为美国的国家级图书馆之一，它是当前世界上最大的图书馆：截至 2010 年 9 月，它共有 4 座主要的馆舍建筑、3597 名正式图书馆员和 1.4 亿余件馆藏。在组织结构上，国会图书馆包含 7 个主要机构，分别为：国会研究服务部、美国版权办公室、馆长办公室、法律图书馆、图书馆服务部、运营支持办公室以及战略发展办公室。每个机构又分别下设不同的部门和办公室。

作为美国国家级图书馆之一，国会图书馆最主要的职责是服务国会。它同时承担着收藏、保存、管理文献资源，并且使用这些资源开展服务的职能，此外，它也面向公众开放：16 岁读者可以通过读者证在馆内使用各种资源和服务；民众也可以自由地参观图书馆；另外，它还组织一系列的公共活动来推动民众的读写和创新能力。

李恺，首都图书馆，助理馆员。

Email：islanderee@gmail.com

最近,国会图书馆公布了其 2010 年财政年度的报告[1]。这份报告主要从立法服务、知识的收藏和服务以及促进创新 3 个角度介绍了国会图书馆在 2009 年 9 月至 2010 年 9 月之间的主要工作。本文将对这份报告进行一个基本的介绍。国会图书馆网站上可以免费下载其 2000 年之后的所有年度报告,而 Hathi Trust 数字图书馆则收录了其自 1860 年代以来绝大部分的年度报告。

2　国会图书馆的战略计划

2009 年,国会图书馆发布《馆长管理议程》(Librarian's Management Agenda),内中建议对国会图书馆 2008—2013 年的战略计划进行修订。新的战略计划在 2011 年公布。它展望了从 2011—2016 年之间国会图书馆的发展目标。这份计划规定了国会图书馆的主要任务:"支持国会实现其宪法的职责,并且为了美国人民的利益推进知识和创新。"[2]

同时,这份计划还规定了国会图书馆在这 5 年间的战略目标:

- 向国会提供权威的检索、分析和信息;
- 获取、保存并且提供完整的知识以及对美国创造性的记录;
- 维护有效的国家版权系统;
- 领导外部社区并且和它们合作,推动知识和创造性的发展;
- 预先管理,以实现可以证实的目标。

以上战略目标,都或多或少体现在了国会图书馆 2010 年的年度报告中。

3　国会的图书馆

3.1　服务国会

服务国会是国会图书馆的首要职能。虽然国会图书馆面向公众开放,但是只有国会议员、最高法院的法官以及高阶的政府官员能够从图书馆借出资源。国会图书馆面向国会的主要服务包括资源流通、地图服务、宣传以及其他方面的服务。

在资源流通方面,本财政年度国会图书馆向国会成员借出了 3 万卷各类文献,上一年度这一数字是 2.6 万卷。

通过国会测绘资料项目(Congressional Cartography Project),国会图书

145

馆本年度向国会提供了超过200幅的数字化地图。国会图书馆还在2010年开通了国会地理空间数据系统(Congressional Geospatial Data System),帮助国会分析国内各区域的相关数据。比如,国会图书馆为2010年发生的墨西哥湾漏油事件提供了特别的地图服务,帮助追踪漏油的情况。

国会图书馆也通过网络和走访的方式向国会议员宣传图书馆的资源和项目。国会成员除了可以免费地使用国会图书馆的资源和网络之外,他们还可以通过国会图书馆的图书副本项目(Surplus Books Program)向本州的教育机构和非营利性机构捐赠国会图书馆的副本图书,这些图书主要是中小学的教育资源。

3.2　国会图书馆的财政预算

美国在2008年开始爆发的财政危机,给美国所有图书馆的财政预算造成了巨大的影响。根据Library Journal在2010年所做的全美图书馆财政预算的调查,有72%被调查的图书馆的财政预算比2009年有所减少,而有43%的图书馆在财政压力下不得不削减了图书馆员的数量[3]。

作为美国的政府机构,国会图书馆在2010年财政年度尚未收到经济危机的严重打击。2009年10月签署生效的《立法机构拨款法案》(Legislative Branch Appropriations Bill)规定国会图书馆在2010年财政年度获得6.843亿美元的财政预算,比上一年的6.467亿美元稍有增长。根据2010年年度报告,国会图书馆2011年申请了7.155亿美元的预算。但是,随着美国经济的持续低迷,以及美国两党对于2011年联邦政府财政预算的纠纷,国会图书馆未来几年的财政预算可能会受到一定的影响。

除此之外,在2010年,国会图书馆还获得了1670万美元的捐赠。这些捐赠一共支持了64个图书馆项目的开展,有效地支持了国会图书馆服务的范围。

4　资源的收集、保存和管理

4.1　资源收集

在2009年,国会图书馆新增250万件藏品,其中包括出版商呈缴的32万件作品。国会图书馆也继续通过6个海外办公室(分别位于里约热内卢、开罗、内罗毕、伊斯兰堡、新德里和雅加达)进行合作采访项目,收集并且整理海外的出版物。值得一提的是,这6个办公室不只服务于国会图书馆,也帮助美国的其他图书馆和研究机构购买对应地区的资源。海外办公室在本年度为国会图书馆共购入 29 万件馆藏,并且为美国的其他图书馆购买了 39 万件馆藏,这些馆藏来自 85 个国家,使用超过 150 种语言。

虽然每个海外办公室都面向美国所有图书馆提供服务,并且都采用年度服务的模式,但是它们会采用不同的采购模型和政策。比如,里约热内卢办公室只提供南美洲的连续出版物和音乐光碟资源,而新德里办公室则覆盖了南亚地区的几乎所有文献类型。在这 6 个办公室所覆盖的地区之外,国会图书馆还通过与总部设在塞内加尔的美国海外研究中心协会(Council for American Overseas Research Centers)开展合作,建立覆盖西非的资源采购模型,填补目前在这一区域的空白,图书馆希望这种模型未来能够扩展到更多的地区[4]。

4.2 资源保存

作为国家级图书馆,资源的保存是国会图书馆的另一项重要职能。国会图书馆在 2010 年度开设了分析科学样本中心(Center for the Library's Analytical Science Samples)、3 个保存科学实验室以及一个馆藏修复室。这些新的科学设备使用物理、化学、生物等方式增加了国会图书馆对资源的保护能力。

4.2.1 图书

在 2010 年财政年度内,国会图书馆对超过 900 万件藏品进行了重新装订、修理、除酸以及拍摄缩微胶卷等工作。

图书的数字化保存是国会图书馆所进行的一项重要工作。2009 年 10 月,由阿尔弗雷德·斯隆基金会(Alfred P. Sloan Foundation)赞助的美国印次数字化项目(Digitizing American Imprints project)宣告完成。这个项目扫描了国会图书馆馆藏中 6.5 万卷,共 1250 万页图书。扫描的数字资源可以通过互联网档案(Internet Archive)的网站查询,其中公共域的电子书也可以通过亚马逊(Amazon)的网站进行按需出版或者直接下载。在 2010 年,国会图书馆还扫描了另外 2.3 万卷公共域的馆藏图书。

此外,在 2010 年 1 月海地大地震之后,为了支持海地的文化事业,国会图书馆针对海地的文献资源开展了一系列的项目。法律图书馆对海地的公共域法律作品进行了数字化的工作,一共对超过 800 部作品进行了数字化,并且通过多种网络方式发布。美国民俗生活中心(American Folklife

147

Center)也向海地归还了超过 50 个小时的影音资料,其中的一些资料在经过数字化后出版,所得的资金用于海地的震后重建。

4.2.2　视听资料

2007 年 7 月,帕卡德国家视听资料保存中心(Packard Campus of the National Audio-Visual Conservation Center)成立。该中心坐落于弗吉尼亚州库尔佩珀(Culpeper, Va.),由慈善家大卫·帕卡德(David Woodley Packard)以及帕卡德人文学会(Packard Humanities Institution)赞助成立。它整合了国会图书馆的各种音视频资源,共有 570 万件馆藏。研究者可以从位于国会山的阅览室中通过高速连接直接获取资源。中心的实体建筑也直接面向公众提供服务,比如在 2010 年度,一共有 17 000 人次观看了中心超过 200 次的电影放映。

根据 1992 年批准的《国家电影保存法案》(National Film Preservation Act of 1992)的规定,国会图书馆每年要选择 25 部"在文化、历史和美学上重要的"电影进入"国家电影名册"(National Film Registry),这些电影由国会图书馆协同其他机构进行永久的数字化保存。随着 2009 年 12 月新入选了 25 部电影,这个名单上电影的数量增加到 525 部。

而根据 2000 年批准的《国家记录保存法案》(National Recording Preservation Act of 2000)的要求,国会图书馆公布了《美国音像记录保存现状》(The State of Recorded Sound Preservation in the United States：A National Legacy at Risk in the Digital Age)的调查报告,这份报告提及了音像记录保存中存在的问题。同时,上述法案也规定国会图书馆每年选择 25 部"在文化、历史和美学上重要的"录音进行永久保存。截至 2010 年,这个名单上已经有了 300 部作品。

同时,国会图书馆也在与芝加哥历史博物馆(Chicago History Museum)合作,对后者的斯塔兹·特克尔特藏(Studs Terkel Collection)进行数字化工作和编目。这个馆藏保存了口头表演历史学家斯塔兹·特克尔超过 7000 盘的采访和广播作品的录音带。

4.2.3　报纸

国会图书馆和国家人文基金会(National Endowment for the Humanities, NEH)合作,开展了国家数字化报纸项目(National Digital Newspaper Program,NDNP)。在 2010 年,这个项目新增加了 171 份报纸的内容。从

2007 年开始,这个项目的数字化内容可以通过为此项目专门建立的美国纪年网站(Chronicling America)免费获取。

4.2.4　口述史

2000 年,国会图书馆的美国民俗生活中心开展了老兵历史项目(Veteran History Project)。在 2010 年财政年度,该项目收集了 6400 人的个人陈述,使总数增加至 7.73 万人。其中 8000 人的内容已经可以通过网络访问。

纪录片公司 Sound Portraits Productions 在 2003 年创建了非营利性的 StoryCorps 项目。这个项目旨在记录所有背景、所有信仰的美国民众的个人历史,以增进民众之间的联系,并且让人们更加注意聆听别人的声音。这个公益项目的所有资料都保存在国会图书馆。截至 2010 年 9 月,该项目已经在国会图书馆存档 3.3 万份视频文件。

民权口述历史项目(Civil Rights Oral History Project)由国会图书馆根据 2009 年通过的《民权历史项目法案》(Civil Rights History Project Act)创立,这份法案要求国会图书馆和史密森学院的非裔美国人历史和文化博物馆(National Museum of African American History and Culture)收集并且公布和民权运动有关的个人史档案。在 2010 年,这个项目进行了前期的准备工作。

4.2.5　国家数字信息基础结构和保存项目

作为国会图书馆进行数字化保存工作的框架,国家数字信息基础结构和保存项目(National Digital Information Infrastructure and Preservation Program, NDIIPP)旨在"出于后代人的利益,建立收集、保存和提供重要数字内容——尤其是数字原生信息——的国家战略"。其主要工作包括:

- 帮助各州政府保存数字化信息;
- 和各个机构开展合作,在照片、动画、卡通等各种资源上开展范围广阔的工作;
- 制定标准、方法和实践;
- 进行网络信息的存档。

作为这个项目的具体工作之一,网络信息存档是国会图书馆近年来所进行的一项重要工作。人们逐渐意识到,网络上的信息很容易随着信息技术的发展而消失,因而它们同样需要得到保存。在 2010 年,国会图书馆一

149

美国国会图书馆 2010 年财政年度报告::国会、资源与服务

共管理了 13 个网络信息存档的馆藏，内容包括 4000 个网站。图书馆还为美国、巴西、斯里兰卡等国家和地区的大选进行了特别的建档和管理。

尤其值得一提的是，在 2010 年 4 月 14 日，微博客服务 Twitter 向国会图书馆捐赠了自 2006 年 Twitter 上线以来其全部公共内容的历史存档，总数有几十亿条。这份数量庞大的档案记录了 2006 年以来几乎每一件重要的历史事件，并且每一条信息内都保存了丰富的元数据和关联信息。作为国会图书馆近十年来一直推动的"保存网络"项目的最新一步，美国民俗生活中心将会维护并且利用这些内容。一方面让这些当代历史的重要记录能够在图书馆中得到长久的保存，不至于随着互联网的快速发展而湮灭；另外，人们也期望图书馆能够增加这些内容的可检索性和语义，让它们能够更好地被研究者所利用，并且通过最新的科技手段让人们更好地理解我们的社会和历史。

4.3　国会图书馆的编目工作

作为 MARC 21 编目社区的领导机构，国会图书馆在 2010 年共编目超过 36 万个新的作品，创建了超过 26 万条完整级和核心级的编目记录。国会图书馆管理的合作编目项目（Program for Cooperative Cataloging）创建了超过 33 万个名称和丛编规范记录以及 58 000 个主题规范记录。

国会图书馆书目控制未来工作组（Working Group on the Future of Bibliographic Control）在 2008 年公布了"On the Record"的报告。这份报告认为，未来的书目控制应当是多元的、灵活的并且基于网络的。作为对这份报告的回应，国会图书馆近年来一直在致力于扩展和增强自动在版编目项目。本年度，数字在版编目项目共编目将近 56 000 种资源。与此同时，国会图书馆还试验了通过 ONIX 数据自动生成 MARC 数据的方法，这是打通上、下游元数据的流通，提高编目工作效率的重要一步。

近年来编目社区的另一件大事就是制定 RDA，取代原先的 AACR2 规则，以便让图书馆编目更好地适应网络技术的发展。作为 RDA 制定的领导者，国会图书馆也全程主导并参与了 RDA 的开发和测试。2010 年 6 月 RDA 网络版正式发布，随之，美国三家国家级图书馆开始进行 RDA 美国国家测试。国会图书馆、美国医学图书馆和美国农业图书馆共招收了 26 个测试合作机构，对 RDA 进行日常环境中的使用和评估。正式测试在 2011 年 1—3 月进行，其结果则在 2011 年 6 月公布。测试报告认为 RDA 代表了未来的发展方向,但它的推行应该延缓到2013年1月,在此之前需要解决RDA规则本身、RDA规则的培训以及编目基础设施方面的若干问题[5]。

5 公共服务

国会图书馆也会开展面向公众的服务,从最传统的参考咨询服务,到面向残障人士的特别服务,再到展览、讲座、研讨会、音乐会等形式。但是本文将重点介绍国会图书馆的网络服务,以及推动阅读的相关服务。

5.1 网络服务

国会图书馆的网站在2010年度共有7700万次访问和5.8亿次网页浏览,是美国联邦政府机构访问数量最多的网站之一。国会图书馆继续通过RSS和电子邮件的方式推送信息。同时,国会图书馆还继续使用Facebook和Twitter这样的社交网络来扩大服务的用户群体,并且与读者产生更广泛的互动。从2008年开始,国会图书馆与在线图片应用Flickr开展合作,把国会图书馆丰富的照片馆藏分享到网络上,以便让互联网读者了解并且使用这些资源。同时,国会图书馆也继续使用在线视频应用YouTube来分享视频资料。

为了应对移动网络时代的到来,国会图书馆在2009年开始通过苹果公司的iTunes平台来分享视频资料。2010年8月2日,国会图书馆又推出了一款基于iOS平台的免费应用,用户可以在苹果手机上下载这个应用,对国会图书馆进行虚拟的参观,并且获得图书馆内各个区域的文字介绍和图片。

2009年4月,世界数字图书馆(World Digital Library,WDL)项目正式创立。国会图书馆的馆长James H. Billington在2005年提出的主张促成了这个项目的实现。它旨在通过互联网共享世界范围内各个文化、不同语言以及不同格式的文献,帮助人们方便地获取各种文化的宝贵的遗产。截至2010年9月,其网站共有1200万次的访问量。在本年度,世界数字图书馆项目继续扩充资源以及扩大合作者的范围,截至年底,共有来自63个国家的101个合作伙伴。这个项目的另一个目的是帮助发展中国家建立数字图书馆项目。为此,国会图书馆在本年度为乌干达国家图书馆提供了培训和设备,帮助它们开展数字图书馆项目。

5.2 推动阅读

根据国会图书馆的发展目标,国会图书馆致力于"推动知识和创造性的发展"。推动社会的阅读能力是其重要的工作之一。

国会图书馆的网站有专门为教师开设的区域,提供必要的教育资源,帮助增进学生们的阅读能力和信息素养。另外,国会图书馆的第一手资源教学项目(Teaching with Primary Sources Program, TPS)致力于增进学生对于历史的理解。在 2010 年,TPS 教育委员会为 13 000 名教师进行了超过 1000 次报告。通过这些报告,来自全国 11 个州的教育者对于如何使用国会图书馆的数字资源进行教学工作有了更好的了解。这个项目的合作者的数量也在逐步上升,截至 2010 年,这个项目已经有了国内外的 85 个合作机构。

2010 年 9 月 25 日,国会图书馆举办了第 10 届国家图书节。奥巴马总统和超过 70 位畅销书作家参加了活动。参与者可以与作家见面、得到签名和特别设计的海报。本次图书节还包括了各州活动的展示,参与者可以在每个州的"亭子"里了解到每个州促进阅读的项目。作为促进阅读的手段,本次活动还包括对于知名作家的访谈、讨论会以及收集邮票等活动。

国会图书馆在 2009 年发布了其阅读网站 Read. gov。其中包含特别为儿童、教育者和家长设计的多媒体资源。这个网站还在国家图书节上连续举行了讲述儿童故事的活动。另外,2010 年 10 月国会图书馆成立了儿童读者中心(Young Readers Center)。这个中心的访问者可以阅读不进行流通的最新图书、浏览专为少儿设计的网站或者参加中心组织的各种阅读活动。此外,中心还与儿童图书协会(Children's Book Council)合作,选择知名的儿童作家作为儿童文学国家大使(National Ambassador for Young People's Literature)来组织阅读活动,推广少儿阅读。2010 年 1 月,知名作家 Katherine Paterson 被选为第一任大使。

参考文献

1   Annual Report of the Library of Congress∶For the Fiscal Year Ending September 30 ,2010 [EB/OL]. [2011 - 10 - 16]. http://www. loc. gov/about/reports/annualreports/ fy2010. pdf

2   Strategic Plan∶Fiscal Years 2011—2016 [EB/OL]. [2011 - 10 - 16]. http://www. loc. gov/about/strategicplan/strategic_plan2011 - 2016. pdf

3   Library Journal∶LJ's 2010 Budget Survey∶Bottoming Out? [EB/OL]. [2011 - 10 -

10］. http://www. libraryjournal. com/lj/home/888434 – 264/ljs_2010_budget_survey_
bottoming. html. csp

4　Library of Congress Contracts with CAORC to Facilitate the Acquisition of Library
Materials from West Africa［EB/OL］.［2011 – 10 – 14］. http://www. caorc. org/
announce/2011 – 01 – 05_Press%20Release-CAORC-WARA-WARC-LC-Project. pdf

5　Report and Recommendations of the U. S. RDA Test Coordinating Committee［EB/OL］.
［2011 – 11 – 16］. http://www. loc. gov/bibliographic-future/rda/rdatesting-finalreport-
20june2011. pdf

美国国会图书馆 2010 年财政年度报告：国会、资源与服务

县级公共图书馆多元化服务的探索

王　强

Discussion on the Diversified Services of the County Public Libraries

Wang Qiang

摘要：县级公共图书馆是构建城乡一体化四级图书馆服务网络一个关键环节，连接城乡，直接面对基层，分布最广受众最多，但同时又是基础较为薄弱的一个环节。探索县级公共图书馆实现多元化服务的路径，提升县级公共图书馆的服务效益，对公共图书馆服务体系建设的意义重大。

关键词：县级公共图书馆，多元化服务，服务内容

Abstract：County public library is a key link to build the four-level library service network, which is connecting urban and rural areas, and widely distributed to the most audience.At the same time,county public library is also the weakest link of the network.It is of great significance to explore the path to achieve the diversified services, enhance the effectiveness of the county public libraries.

Keyword：county public library, diversified services, public library service system

县级公共图书馆是我国公共图书馆体系中分布最广、受众最多的图书馆，是国民接受教育和获取所需信息不可缺少的阵地。突破传统的服务手段，利用各种现代化设施和技术手段，拓展服务功能、创新服务机制，完善和拓展县级公共图书馆自身的社会服务，把信息服务工作融入到读者服务中去，以多元化的服务方式服务于当地居民，服务于三农，服务于地方经济是县级公共图书馆在当今网络信息环境下的必然选择。

1　县级公共图书馆多元化服务的重要意义

1.1　县级公共图书馆开展多元化服务是科学技术发展的必然选择

随着科学技术的飞速发展，社会信息化程度日益提高，读者的信息需求也发生了变化。在新的环境下，县级公共图书馆传统的被动服务模式和以借阅为主的服务内容已经远远不能满足读者对快速、准确、高效信息的需求。利用现代化的技术手段，及时准确地对文献资料进行搜集、开发和传递成为图书馆的发展方向。因此，服务项目的多元化发展已成为必然的趋势。作为公共图书馆服务体系的重要组成部分，县级公共图书馆开展多元化服务已是势在必行，这也成了图书馆转型过程中的一个主要内容。

王强,浙江省富阳市图书馆,馆长。Email:wangqiangtsg@126.com

1.2　县级公共图书馆开展多元化服务是构建社会公共文化体系建设的内在要求

社会公共文化体系建设的目标之一是确保每一个人都能实现最基本的文化需求,作为我国公共文化事业重要组成部分的县级公共图书馆数量多,分布广,与广大的县级城市居民及周边的农民公众直接发生联系,是满足基层群众学习、生活、娱乐等基本需求的阵地。因此,县级公共图书馆在我国社会文化发展中的基础性地位也使其在构建"覆盖全社会、普遍均等、惠及全民"的公共文化服务体系中发挥着重要的作用,占有举足轻重的地位。为了充分发挥县级公共图书馆在构建文化体系中的作用,县级公共图书馆必须要开展多元化服务。

1.3　县级公共图书馆开展多元化服务对新农村建设有重要意义

县级公共图书馆是我国图书馆事业的末梢神经,为农村居民提供自身发展和农业建设所需的信息,帮助当地民众获取知识,摆脱贫困,是县级公共图书馆的重要责任。但是农村居民离县级图书馆距离远,借阅不便,农民对知识信息的敏感度以及提取信息的专业性不强,图书馆传统服务无法满足农村居民的需求。因此,县级图书馆必须以多种形式开展延伸服务,最大限度地利用县级图书馆的服务为社会基层群众提供最广泛的知识信息需求,在服务中提升社会成效。

2　多元化服务的主要内容

县级公共图书馆要做到高质量、高水平的服务,就必须主动地开展多元化服务,在为读者创造优美良好的阅读环境的同时,加强图书馆的情报职能、实现图书情报一体化,开展多种形式的服务,在新农村建设和社会文化公共体系建设中发挥积极作用。多元化服务的主要内容有:

· 2.1　开展多元化的服务项目

开展多元化服务,要求县级公共图书馆改变单一的书刊借阅服务,向文化传播、知识服务和宣传教育功能的多维度上拓展。县级公共图书馆可以不定期要求某一领域的专家在图书馆举办讲座;图书馆还可以举办书画比赛、摄影比赛、征文比赛、图书文化节等多种形式的活动。县级公共图书馆要创建品牌活动,以此扩大在读者心中的影响力。只有通过多种形式的服务项目,才能使县级公共图书馆真正融入百姓的生活之中。

155

2.2　利用现代技术手段,拓展服务时空

县级公共图书馆的主要服务内容是借阅服务,是一种被动的服务,在信息技术飞速发展的背景下,县级公共图书馆要利用现代化技术,拓展服务时空领域。由于县级公共图书馆财力、物力、人力资源有限,因此,县级公共图书馆在开展多元化服务项目时要采用更加便捷、低廉的手段向读者传播知识信息。如建立短信服务平台,通过读者定制的方式,把与图书馆业务相关的信息,如公告、通知、活动等以短信的形式发送给读者,为读者提供周到细致的服务;利用图书馆网站发布馆藏书目信息、服务项目、电子资源,方便用户快速、准确地检索到所需信息。

2.3　关注特殊人群,帮扶弱势群体

县级公共图书馆服务的弱势群体包括残疾人、失业人员、老年人以及农村弱势群体。县级公共图书馆要根据不同弱势群体的需求提供不同的服务内容。残疾人和老年人行动不便,则选择其所需的书籍,开展上门服务;针对失业人员提供职业技能培训,并收集招聘信息,定期提供给失业人员;而对农村弱势群体的服务,则必须着眼于文化知识扶贫,普及科学知识。在农村弱势群体中,需要加强对留守儿童的关注。留守儿童心理脆弱,需要特别的关爱,县级公共图书馆要定期对留守儿童提供心理辅导,解决其在生活、学习中遇到的问题,帮助其健康成长。

2.4　深化情报信息服务

（1）为政府部门提供决策情报服务

县级公共图书馆的职能之一是服务于政府部门,为政府部门的决策提供充足的情报支持。因此,县级公共图书馆要与政府部门保持密切的联系,根据政府部门的工作进度和计划,为其提供对口的服务信息。县级公共图书馆要搜集和存储与本县经济、政治、文化、社会、环保、城市建设等息息相关的适用于本县发展的信息,建立专门的"政府决策信息库"。

（2）关注三农问题,提供农业情报

县级公共图书馆最广泛的读者群是农村居民。服务于三农,为农村群众提供三农信息是县级公共图书馆的重要服务内容。县级公共图书馆要根据当地的种植、养殖特点,从网络、报纸、书籍等信息资源中精心挑选出农民需要的农业科技知识,编印成小册子,为农民提供最新的农业信息;县级公共图书馆可以介入农村的农业项目,收集相关项目资料,为农业项目

提供专题服务;邀请专家对农民进行各种知识和技能的培训,普及法律法规、科学技术、医疗保健等与农民生活密切相关的知识。

(3)为中小企业提供竞争情报服务,支持地方经济发展

县级公共图书馆作为地方性的文献资源中心,应该成为地方经济发展的智力支持者,服务于本地经济建设,为中小企业提供情报服务。县级公共图书馆要针对本县中小企业的实际需求,围绕本地的政治经济环境、社会文化、行业发展、市场情况等,为中小企业提供技术咨询、产品咨询和项目咨询等服务;搜集最新的行业信息或竞争信息,编印成小册子或者以电子版的形式发送给中小企业。

2.5　以文化信息资源共享中心为平台

全国文化信息资源共享工程是"实现广大人民群众基本文化权益的重要途径,对于打破落后地区信息闭塞的状况,缩小数字鸿沟,提高广大人民的科学文化素质"具有重要作用。目前"共享工程"提供包括农业种植、养殖、农村政策、娱乐节目等与基层百姓生活息息相关的内容。县级图书馆是共享工程实施的主体,县级公共图书馆要充分利用文化共享工程现有的设备、人力和资源,以文化信息资源共享为平台,以共建方式发展基层服务点,为县城居民和农村民众提供基本文化服务,从而延伸县级公共图书馆的服务面。

3　实现多元化服务的主要障碍

改革开放以来,经济建设突飞猛进,而图书馆事业则严重滞后于其他事业的飞速发展,县级图书馆的境况更加不容乐观,县级公共图书馆在开展多元化服务中还存在着很多障碍,目前存在的障碍主要有:

3.1　管理模式陈旧

县级公共图书馆由于长期受到计划经济和传统图书馆管理机制的影响,内部管理仍处在低要求、低水平阶段,没有达到规范化、制度化、法制化的管理标准,与时代要求不相适应。县级公共图书馆管理模式的落后,致使很多人产生纪律松懈,作风疲沓,不思进取的作风,存在"等客上门"的思想,这就导致工作秩序不尽如人意,严重影响图书馆服务功能发挥,难以满足广大读者的需求,严重阻碍图书馆事业的健康发展。为此,图书馆必须要建立"以人为本"的管理机制,即以人为中心,通过建立完善有效的激励

157

制度和竞争机制,使馆员树立全新的服务理念,以馆员价值的实现促进图书馆多元化服务体系的落实。

3.2 经费缺乏

在我国,经费短缺、设备匮乏一直是制约县级公共图书馆发展的重要因素之一。发达地区的公共图书馆事业,在经费问题上虽然不是"应有尽有",但至少不存在自身难以维护的状况;而在欠发达的中西部地区,县级公共图书馆尚处于经费拮据,难以自护的境地。总的来说,政府对县级公共图书馆经费投入不足,使之基础设施严重滞后,限制了图书馆各项服务项目的开展。但是又不能迫使政府立即加大对县级公共图书馆的投入,因此,县级公共图书馆开展多元化服务在争取政府支持时,应尽量使用低廉的手段向读者提供服务。

3.3 专业人才缺乏

在用人方面,县级公共图书馆的现状在很大程度上还是沿袭于"大锅饭"的轨迹。县级公共图书馆专业人才奇缺,尤其是缺乏信息情报及计算机方面的专业人才。因此,在开展服务过程中特别是在为专业人士服务、为经济建设服务、为领导决策服务时,感到力不从心。对高深的学术、理论根本无能也无法深究。因此,县级图书馆要有计划地开展岗位培训,邀请上级馆和图书馆学界的专家对馆员进行在职继续教育和终身教育,全面提高馆员的综合素质,把学历教育、岗位培训、短期培训、学习考察、学术交流等有机结合起来,使馆员的知识面不断拓宽和更新,更好地为读者开展多元化服务。

3.4 读者流失

比起十几年前,各地的人口增长了,图书馆的读者不但没有增加,反而有所下降,原因是多方面的:既有图书馆自身的因素,如在馆内很难找到自己需要的书籍;也有客观因素的影响,比如说互联网的冲击、网络书店的兴起、居民阅读水平的下降、各大书城的兴起等。这诸多的原因,在一定程度上导致了图书馆读者的流失。因此,县级公共图书馆要留住读者,减少读者的流失,就要针对用户不同的需求,开展个性化服务,满足读者的需求。

4 结论

当今社会是一个不断进步发展、不断改革创新的社会,县级公共图书馆作为读者学习的阵地,也应与时俱进,不断探索、不断发展、不断进步、不断改革,开拓创新,充分利用图书馆各种资源,向多元化服务扩展,实现图书馆功能的彻底开发应用。

参考文献

1　袁文英.浅谈县级公共图书馆服务模式与用户需求的对接[J].福建省图书馆学会2002 年学术年会论文集,2002

2　冉文格.论基层公共图书馆的困境与出路[R].2005—2006 年度深圳市图书情报科研课题,2007

3　丽水市网络图书馆入选浙江省 2010 年度十大民生工程[EB/OL].[2011 – 08 – 18].http://www.lsnetlib.com/zt/2010msgc

4　张前永.新时期县级公共图书馆人才队伍建设的现状与策略[J/OL].[2011 – 07 – 15].http://www.sqwgx.gov.cn/article.aspx? id = 6082

县级公共图书馆多元化服务的探索

城市图书馆研究　2012年第一卷第一辑　　　Journal of Metropolitan Library　Vol.1 No.1　2012

提升外来务工人员享受公共图书馆服务的策略

——以桐庐县图书馆为例

朱建云

Strategy of Letting Migrant Workers Enjoy Public Library Service
——Taking Tonglu Library as the Example

Zhu Jianyun

摘要：城市的发展为外来务工人员享受公共图书馆服务奠定了基础,但是,现实生活中外来务工人员享受公共图书馆服务仍然存在不少的障碍,难以共享公共图书馆服务。本文从我县外来务工人员享受公共图书馆服务的情况出发,分析了影响我县外来务工人员享受公共图书馆服务的原因,提出了有效提升外来务工人员享受公共图书馆服务的应对策略。

关键词：公共图书馆服务,外来务工人员,策略

Abstract: The development of the city laid the foundation for migrant workers enjoy public library service, but in reality, there are still many barriers.Taking Tonglu County Library as an example, This paper analyzes the reasons that impacting on letting migrant workers to access to public library service and proposes Improvement strategy.

Keywords: public library services, migrant workers, strategy

伴随着桐庐县经济快速发展,吸引了许多外来务工人员。但是,由于城乡二元结构并未消失,这些外来务工人员承受了许多不公正的待遇。在城市文化生活中,他们是容易被忽略的一群。作为负有促进和谐、包容、平等社会使命的公共图书馆,义不容辞地应把外来务工人员群体真正纳入自己的工作视野,为其享受公共图书馆服务提供更多的便利。因此,探讨有效提升外来务工人员享受公共图书馆服务的应对策略具有重要意义。

1 我县外来务工人员对公共图书馆需求和利用情况的分析

2011年文化部、财政部联合出台《关于推进全国美术馆、公共图书馆、文化馆(站)免费开放工作的意见》指出:2011年底之前全国所有公共图书馆、文化馆(站)实现无障碍、零门槛进入,公共空间设施场地全部免费开放,所提供的基本服务项目全部免费。每个公民都有平等享有图书馆公共文化基础设施,平等享受公益性文化服务的权利。外来务工人员与当地居民一样享受公共图书馆服务是理所当然的。然而,外来务工人员到底有没有真正享受到公共图书馆所提供的服务呢? 现实状况又是如何呢?

朱建云,桐庐县图书馆,馆员。Email: zjy9197@yahoo.com.cn

1.1　调查分析

为了进一步了解这些外来务工人员对公共图书馆的需求和利用情况，近日，我们对县城城南一小低年级部分学生的家长（主要是针对外来务工人员）进行了一次调查，被调查者年龄集中在 30—40 岁之间，本次调查共发放问卷 220 份，回收 200 份。调查涉及十方面的内容，这里抽样分析其中三方面的内容：

表 1　对图书馆（室）利用的情况

	一般都不知道图书馆（室）	知道图书馆（室），但一般都不利用	知道图书馆（室），偶尔会去借书阅览	经常去图书馆（室）
人数	48	92	40	20
所占百分比	24%	46%	20%	10%

在对"外来务工人员对图书馆（室）利用情况"的调查中，结果显示：占 46% 的被调查者知道图书馆（室），但一般都不利用；偶尔会去图书馆（室）借书阅览的人占 20%；经常去图书馆（室）的人占 10%，从中我们不难看出我县大多数外来务工人员知道图书馆（室），但一般都不利用，不会主动到图书馆去，对图书馆（室）利用率不高。

表 2　阅读图书书刊的来源

	从图书馆（室）借	自己购买	从工作单位、朋友处借	在书店或超市（大润发）里看
人数	64	14	20	102
所占百分比	32%	7%	10%	51%

在对"外来务工人员阅读图书书刊来源"的调查中，结果显示："在书店或是超市阅读图书书刊"是主要的方式，有 102 人选择这种方式；其次就是"从图书馆借"，选择"从朋友或从工作单位借"相对较少，选择"自己购买"是最少有人使用的方式。可见，在书店或超市里阅读图书书刊是外来务工人员阅读图书书刊最主要的来源，这说明书店或超市，交通更便利，看书环境更宽松、更愉悦，外来务工人员更愿意进入。

表3　不去图书馆的原因

	没时间	路程远	没兴趣	受人歧视
人数	116	24	38	22
所占百分比	58%	12%	19%	11%

在对"不去图书馆原因"的调查中,结果显示:"没时间"是外来务工人员不去图书馆的主要原因;另外,"没兴趣"、"路程远"也是不去的原因;还有22名(占11%)被调查者因"受人歧视"而不去图书馆。从结果看,"没时间"是决定外来务工人员是否去图书馆的最关键因素。

1.2　桐庐县图书馆有效持证者的情况

桐庐县图书馆共有有效持证读者16974余人,其中约一半为辖区行政事业单位干部职工、教师、学生、企业员工及辖区居民等传统意义上的市民,外来务工人员也约占一半,也就是8000多,但这与桐庐县10万以上的外来务工人员总人数相比较,其比例微乎其微。虽然桐庐县街道、社区图书馆均实行读者免费阅览,年平均接待读者人次也达33余万,但办证率偏低的情况仍说明了外来务工人群接受图书馆服务的范围相对较小。

从上述调查中我们不难发现,一部分外来务工人员对享受公共图书馆服务的权利意识不强,认识不够,信心不足,使外来务工人员不能对图书馆产生有效的需求,利用率不高。因此,外来务工人员享受公共图书馆服务仍然存在不少的障碍。

2　影响我县外来务工人员享受公共图书馆服务的因素

2.1　社会因素

《中共中央关于深化文化体制改革　推动社会主义文化大发展大繁荣若干重大问题的决定》指出:文化事业全面繁荣,覆盖全社会的公共文化服务体系基本建立,努力实现基本公共文化服务均等化。基本公共文化服务均等化政策对让外来务工人员享受公共图书馆服务起到了保护和照顾的作用。实现外来务工人员享受公共图书馆服务是政府的基本职责。过去,政府较多关注了农民工的政治、经济、社会生活,相对忽略他们的文化生活。因此,政府应该为外来务工人员享受公共图书馆服务创造更多的有利条件。

2.2　自身因素

2.2.1　外来务工人员享受公共图书馆服务的权利意识不强

外来务工人员的文化程度偏低,自信心不足,获取信息的渠道较窄,使他们对自己"能不能享受到公共图书馆服务"、"公共图书馆能为自身提供什么样的服务"知之甚少,简单地认为享受公共图书馆服务是本地居民或是文化人的权利,与他们是无关的。这些因素导致了他们对享受公共图书馆服务的权利意识不强。

2.2.2　外来务工人员对公共图书馆认识不够

由于一些公共图书馆对自身的地位和功能宣传不够深入,对自身的大众性、服务性、公益性特点缺乏广泛深入的宣传,造成了外来务工人员对图书馆认识不够,对图书馆功能的误解和误判,对图书馆服务内容则了解更少,分不清新华书店和图书馆的异同,以为图书馆也和书店一样提供售书服务,是营利性的,是有偿的。

2.2.3　外来务工人员缺乏主动享受公共图书馆服务的信心

外来务工人员在城市中的弱势群体身份,造成其从公共图书馆分享现代文化成果的信心不足。他们往往在心灵深处感到自己是不被所在城市接纳的"外乡人",很难对城市公共设施的公益性有正确的认识,甚至产生了自卑心理,害怕被诸如图书馆这样的公共场所拒之门外而遭无端歧视,根本不能理直气壮地主动接受其服务。

2.3　图书馆因素

2.3.1　公共图书馆对服务的宣传力度不大

目前一些外来务工人员对于公共图书馆有哪些具体功能、如何办证、如何借还书及开放时间等了解较少。这固然有外来务工人员自身原因,也有公共图书馆对其服务宣传力度不大因素。因此,公共图书馆必须加大这方面的宣传,彰显自身的公益性形象。

2.3.2　公共图书馆服务缺乏吸引力

一些公共图书馆在服务内容上,对外来务工人员缺乏吸引力和针对性。在馆藏方面,缺少外来务工人员喜欢的报刊和图书;在培训方面,较少举办有利于外来务工人员劳动技能提高和文化素养提升的培训教育活动。而公益性文化讲座,过于高雅或专业化,如"读书,给你智慧、力量与创意"、"自主创新与转型升级——现代服务业发展专题论坛"等,这些讲座对外

163

来务工人员的吸引力非常有限。

3　县级公共图书馆为外来务工人员享受公共图书馆服务的策略与设想

3.1　抓宣传,推广公共图书馆公益形象

加大宣传力度,使公共图书馆的公益性、均等性形象深入人心。公共图书馆如何进行宣传推广? 我认为可从 3 个方面入手:①走进图书馆。走进图书馆了解图书馆的功能。通过一些活动,如举办读者活动,灵活多样的办证方式以及开展新书推介活动等,让外来务工人员了解图书馆的具体功能,从而更好地使用图书馆。②走进宣传栏。从吸收公众的注意力进行宣传图书馆。通过设计富有创意和时尚感的图书馆的 LOGO、招贴画、标语、指示路标等“小玩意”拉近与读者的距离,与媒体合作宣传,建设有特点的网站以及向社会公众开放参观等方式,提醒公众关注图书馆。③走进生活区。公共图书馆积极走进外来务工人员较多的生活区,把图书馆服务与外来务工人员的生活结合起来。如流动书屋进外来务工人员生活区;读书换积分活动,累积到一定的积分可兑换一些生活用品,如肥皂、牙刷等。因此,县级公共图书馆通过宣传,使广大外来务工人员对图书馆平等和无差别的服务理念、免费无偿的服务方式,能有更深入的了解和认识。

3.2　抓服务,培养馆员对外来务工人员服务意识

大部分外来务工人员文化素养比较低,初到图书馆,一般没有明确的目的,或是一种好奇,一种消遣,或是冲着公共图书馆所宣扬的“读者第一,服务至上”的观念来试一试。图书馆员的一个眼神,或一句话,都会决定这个读者的信心和他们脚步的去留。很多外来务工人员方言很重,也缺乏图书馆的基本常识,这在无形中又加深了馆员工作的难度。所以,加强馆员对外来务工人员服务意识的培养至关重要,让每一位馆员保持一种良好的服务心态,耐心接待每一位外来务工人员,引领他们走进图书馆,了解图书馆,利用图书馆,喜欢图书馆。

3.3　抓实情,创新公共图书馆的服务内容

公共图书馆必须了解外来务工人员的真实的需求和期望,围绕这些需求和期望组织和开展工作。结合我县图书馆及周边县市图书馆的工作实际,我认为可以从以下几个方面开展创新服务工作:

3.3.1 推进图书馆总分馆制建设

桐庐县从人民群众的实际需求出发,因地制宜,大力推进图书馆乡镇分馆的建设工作,到2010年底,全县14个乡镇(街道)除了县城的两个街道以外,其他12个乡镇(街道)都建成了图书馆分馆,并正常投入使用。2010年,总馆为乡镇分馆和流通点配送图书45 000余册,接待读者10万余人次。总分馆制工作为分布在全县各个乡镇的外来务工人员提供了便利的看书条件,有效地解决了"看书难、借书难"问题。

3.3.2 推进城乡一体化公共电子阅览室建设

桐庐县图书馆在大力推进图书馆乡镇分馆建设的同时,将公共电子阅览室的建设作为乡镇图书馆的必建项目。到2011年底,所有乡镇(街道)完成公共电子阅览室建设,部分条件成熟的中心村也建成公共电子阅览室,并实行免费开放。由于受经济条件的限制,"想上网"、"上好网"成为众多外来务工人员文化生活中的迫切愿望。桐庐县图书馆通过建设县、乡、村三级公共电子阅览室网络,可以有效地利用网络来进行信息知识服务工作,尤其是对于外来务工人员感兴趣的信息,如医疗、法律、招工等,为其提供参考和咨询;也可以有效地为他们提供免费的网络培训服务,提高其运用网络的能力,以便更好地帮助他们从网络中获得所需要的信息。

3.3.3 推进农家书屋工程建设

桐庐县自2008年开展农家书屋建设工作以来,已建成47个,占全县行政村的25.68%。2011年起,我县将在全县192个行政村(社区)全面推进农家书屋建设工作,2011年年底以前完成70%行政村(社区)农家书屋建设,到2012年6月底前,农家书屋全面覆盖我县各个乡镇和行政村,基本实现书屋阅读条件具备、运行机制相对完善、服务功能不断加强、农村文化产品有效供给和服务充足的目标。通过"农家书屋"这个载体,进一步完善了公共图书文化服务体系,有利于提高外来务工人员科学文化素养,保障他们最基本文化权益,促进新时期农村经济社会协调发展。

3.3.4 针对外来务工人员开展内容丰富的服务

公共图书馆通过对自身优势资源的利用,以多层次、多色彩、多功能的立体文化样式,创造一种外来务工人员乐于接受和喜爱的文化氛围和阅读环境,开展内容丰富的服务。例如:可以推出的"你读书,我买单"、"订报刊——读者具有话语权"等主动式服务活动,让外来务工人员享受到了"想

165

看什么书,图书馆买什么书"的阅读权利,而且外来务工人员所需图书,一旦购到,工作人员及时通知点书者来馆办理借阅手续;也可以采用"流动图书馆",用车辆载送图书影视,送到外来务工人员较集中的工作区或生活区供他们借阅,并随车不定期地举办小型展览、图书推荐,提供招工信息等;还可以利用自身丰富的文献信息资源和先进的信息服务手段,联合政府相关部门积极开展面向外来务工人员的讲座、咨询活动、职业技能培训等,开展这些内容丰富的服务,为外来务工人员享受公共图书馆服务搭建桥梁,创设平台。

4 结语

公共图书馆是一种和谐的、平等免费的社会空间;公共图书馆是一种服务,是一种一视同仁的服务。我坚信:只要我们图书馆人尽自己所能,真正履行公共图书馆的使命,我想城市中的公共图书馆必将会成为外来务工人员享受公共图书馆服务的家园。

参考文献

1 于良芝.图书馆学导论[M].北京:科学出版社,2003

2 熊军.经济发达地区公共图书馆为外来劳务工服务问题研究[J].公共图书馆,2010(2)

3 熊军.论城市中心图书馆的基层延伸服务网络[J].深图通讯,2008(2)

4 付长玉,王萍.创新读者服务 塑造馆员新角色[J].读者服务,2008(3)

5 张正,谢艳伶,胡晓鹰.外来务工人员公共图书馆服务研究:以服务均等化为视角[J].图书情报工作,2010(23)

《城市图书馆研究》简介与规范要求

Introduction and Academic Norms

　　《城市图书馆研究》是由杭州图书馆主办的图书馆学情报学专业期刊，旨在为广大图书情报工作者特别是关注城市图书馆事业、从事城市图书馆职业以及研究城市图书馆工作的人员提供一个理论问题探研、学术思想碰撞、实践经验交流与分享的园地。每一期杂志集中关注一个有关城市图书馆的主题，通过研究综述、调研报告、学术论文、书评等多种形式深入探讨所涉主题的各个方面。《城市图书馆研究》正式出版，面向内地和港、澳、台地区各类型图书馆以及包括美国国会图书馆在内的海外图书馆发行交流。本刊面向广大图书情报工作者以及关心城市图书馆事业发展的各界之士征稿，接受各类有新意、有理论深度、有研究数据的稿件，竭诚欢迎大家踊跃投稿。本刊不收取作者版面费等一切费用，并且论文一经刊用，将发放国内同类刊物中最具竞争力的稿酬。我们期待着与您分享经验和视角，共同进步，共同成长。

　　投稿采用电子邮件方式。请将符合以上论文要求和格式要求的电子稿件(word)发送至投稿邮箱：hzlibrary@163.com。来稿自寄出之日起，三个月内未答复者，作者可自行处理。

　　为确保您的稿件可以被正常录用，请仔细阅读以下投稿须知：

一、论文规范

　　1. 本刊刊登的学术论文需要满足：视角独特、观点新颖；思路清晰、方法科学；论证严密、资料翔实；结构严谨、行文规范。

　　2. 本着维护学术尊严、树立实事求是学术风气的精神，本刊强调论文的原创性，坚决杜绝剽窃抄袭行为。来稿请充分尊重他人知识产权，严格遵守著作权法，做到：在作品中引用他人的成果，必须注明出处；被引用的部分不能构成引用人作品的主要部分或者实质部分；从他人作品中转引第

167

三人的成果,必须做出说明;参照而未引用他人成果,或受别人成果的启发而未直接使用他人成果,也应做出说明并列出参考文献。

3.请勿一稿多投。

二、文稿格式

文稿内容依次包括:中文标题,作者中文名,中文摘要及关键词,英文标题,作者英文名,英文摘要及关键词,正文,参考文献,作者介绍及联系方式。以下为各部分内容的格式要求:

1.中文标题:简明确切地反映文章内容,一般不超过20字,超过20字的建议用副标题反映。如果来稿系作者承担的省级以上科研基金项目,请注明项目名称和编号。

2.作者中文名:来搞署名自便;多作者文稿署名时须征得其他作者同意,排好先后次序,一般情况下不再改动。

3.中文摘要及关键词:中文摘要一般在200字左右;中文关键词一般为3—5个,关键词之间用逗号隔开,最后一个关键词后不加标点。

4.英文标题:与中文标题相对应,题名的首字母及各个实词的首字母大写。

5.作者英文名:与作者中文名相对应。

6.英文摘要和关键词:与中文摘要和关键词相对应。

7.正文:正文应层次清楚,方便阅读,行文符合规范。正文中的各级标题分别为:"1"、"1.1"、"1.1.1"……

8.参考文献:本刊要求所有参考文献一律放在文末,按照在文中出现的先后顺序做实引,在引用处用上角标"[1]"、"[2]"的形式标注。以下列出了主要参考文献类型的著录格式:

(1)连续出版物

[序号]主要责任者.文献题名[J].刊名,出版年份(期号):起止页码

(2)专著

[序号]主要责任者.文献题名:其他题名信息[M].其他责任者,其他责任方式.出版地:出版者,出版年:引文起止页码

(3)会议论文集

[序号]析出责任者.析出题名[A].见(英文用In):主编.论文集名

[C].（供选择项:会议名,会址,开会时间)出版地:出版者,出版年:起止页码

（4）专著中析出的文献

［序号］析出文献主要责任者.析出文献题名［A］.见（英文用 In）:专著责任者.专著题名［M］.出版地:出版者,出版年:析出文献的起止页码

（5）学位论文

［序号］主要责任者.文献题名［D］.学校所在地:学校院系,论文完成时间:引用页码

（6）报告

［序号］主要责任者.文献题名［R］.报告地点:报告会主办单位,年份

（7）国际、国家标准

［序号］标准代号.标准名称［S］.出版地:出版者,出版年

（8）报纸文章

［序号］主要责任者.文献题名［N］.报纸名,出版日期(yy-mm-dd):版次

（9）网络电子文献

上述各类型文献,如果从网络途径获取,需在原著内容后添加［访问和引用日期］.获取和访问路径,并在文献类型标识中加上"/OL"标志。

［序号］主要责任者.电子文献题名［文献类型/OL］.［访问和引用日期］.获取和访问路径

（10）英文参考文献的格式参照中文,并注意以下两点:

①作者的姓用全称,名用缩写,姓在前、名在后,中间用逗号分隔。

②书名、报刊名使用斜体字,题名的首字母及各个实词的首字母大写。

附:参考文献著录中的文献类别代码

M—专著	C—论文集	N—报纸文章
J—期刊文章	D—学位论文	R—报告
S—标准	P—专利	A—文章
DB—数据库	CP—计算机程序	EB—电子公告

对于不属于上述文献类型的,采用字母"Z"标识。

9.作者介绍及联系方式:作者介绍应包括作者的真实姓名、工作单位、职务、职称等相关情况;联系方式应包括通讯地址、联系电话及 email。

征稿主题

本刊下 2 期的主题分别是：

第 1 卷第 2 辑(2012 年)

公共图书馆服务体系与公共文化服务体系建设

第 2 卷第 1 辑(2013 年)

城市图书馆发展的新趋势

Call for Papers

These are the subjects of the forthcoming issues：

Vol. 1，No. 2，2012

Public Cultural Service System and Public Library Service System Construction

Vol. 2，No. 1，2013

New Trends for Urban Public Libraries

欢迎大家踊跃赐稿！